I0783655

ARTURO MEJÍA NIETO

EL TUNCO

(La vida de un general revolucionario hondureño)

ERANDIQUE
COLECCIÓN

EL TUNCO (La vida de un general revolucionario hondureño)
ARTURO MEJÍA NIETO

©Colección Erandique
Supervisión Editorial: Óscar Flores López
Diseño de portada: Andrea Rodríguez
Administración: Tesla Rodas
Director Ejecutivo: José Azcona Bocock
Primera Edición
Tegucigalpa, Honduras—Junio de 2025

ÍNDICE

UNA HONDURAS QUE NO CAMBIA

"Pepe Cardoso —como le decían sus amigos íntimos—, o el Tunco, como le decían sus enemigos a causa de que le faltaba el dedo pulgar, había conocido a Soledad en su vida de revolucionario."

El Tunco es un general revolucionario.

Es uno de esos tantos generales que peleó en una de esas tantas revoluciones que dejaron postrada a Honduras en el atraso y el rencor.

Entre el general y Soledad hay amor. El único problema es que ella… ¡está casada!

Pero el general es hombre de armas tomar y llegará, de ser necesario, hasta las últimas consecuencias.

Manuel Villafranca, el esposo de Soledad, decide marcharse a El Salvador y deja el camino libre a los enamorados.

Escrita originalmente con el nombre El Tunco (la Colección Erandique le agregó La vida de un general revolucionario hondureño para hacerla un poco más atractiva al lector), la novela se desarrolla en el área rural, hasta donde llega la violencia de las guerras fratricidas.

Arturo Mejía Nieto hace una cruda radiografía de la realidad del país. Aunque fue publicada por primera vez en 1932 por Editorial Tor, en Buenos Aires, Argentina, da la sensación de que fue escrita ayer, pues muchas cosas continúan igual.

Otro tema de conversación que don Joaquín tenía siempre en la boca era lo que llamaba: «Los cinco males que atañen a nuestro país». Él decía que si los gobiernos, en vez de hacer política, se preocuparan por el diagnóstico del país, la situación sería mejor.

—¿Cuáles son esos males, don Joaquín? —le preguntaban.

—Los vivo señalando en todas partes —contestaba—. Nuestros males son: revoluciones, hijos naturales, alcoholismo, analfabetismo e incapacidad para la acción.

¿Se les hace conocida esta situación? ¿Qué le falta a esa lista? La corrupción, sin duda.

El propio Tunco se asemeja a los caudillos que, desde la Independencia, han hecho de las suyas en Honduras.

El Tunco posee carisma, liderazgo y valentía. Eso lo convierte en un personaje popular entre sus hombres y la ciudadanía.

Mejía Nieto recurre al narrador de la novela para lanzar la siguiente reflexión:

"El día que en nuestro país todo el mundo sepa trabajar y tenga alguna educación, las revoluciones terminarán."

En medio de ese ambiente hostil, violento, rural e inestable, se desarrolla el amor entre el general revolucionario y su amada.

Sin duda, El Tunco es una novela ambiciosa, bien lograda, en la que se mezclan las pasiones del corazón —amor, odio y celos— con las ambiciones políticas y los ideales revolucionarios.

La guerra civil de 1924 tuvo, sin duda, un fuerte impacto en el espíritu del autor. De allí que, en la novela, retrate el militarismo, la traición, el abandono y la decadencia moral de los personajes, mientras realiza una fuerte crítica social hacia la ignorancia, el autoritarismo y la corrupción.

¿Habrá posibilidades de que el amor triunfe, o al menos sobreviva, en este ambiente cruel?

¿Cuál será el destino del atrevido general revolucionario?

El Tunco es una de las mejores creaciones de Arturo Mejía Nieto. Su lectura nos sacudirá… y nos hará reflexionar.

ÓSCAR FLORES LÓPEZ
Editor Colección Erandique

ALGUNOS JUICIOS ACERCA DE LOS LIBROS DE ARTURO MEJÍA NIETO

ZAPATOS VIEJOS, por Arturo Mejía Nieto (J. Samet. Buenos Aires).

—El Sr. Arturo Mejía Nieto, quien ya ha publicado un primer volumen de cuentos regionales, nos ofrece en este libro un excelente conjunto de relatos que poseen una gran riqueza de color local y nos restituyen la atmósfera de los pequeños pueblos de América Central. Son cuentos construidos a partir de viejos recuerdos. Un pasado con personajes ya carcomidos por el olvido, pero hacia los cuales se inclina su preferencia, como se prefieren los zapatos viejos. De ahí el título de su recopilación, título que creemos un poco vulgar y bastante mal elegido.

Algunos de los cuentos del Sr. Mejía Nieto son verdaderamente sabrosos, como "El Chele Amaya", que nos muestra las costumbres de los revolucionarios en campaña. El sargento Amaya es enviado en misión de reconocimiento, cuenta las tropas enemigas, las ve ponerse en marcha y da la oportunidad a los suyos de tenderles una emboscada. Pero su general pierde un tiempo precioso dando un discurso y los suyos son los que terminan siendo emboscados. Entonces el pobre Amaya recibe una paliza, como si hubiera dado información errónea.

Las historias del Sr. Mejía Nieto son con frecuencia conmovedoras, como la de Inés, esa joven sirvienta humilde, honesta y trabajadora, muy bonita, apegada a sus patrones, y que un día desaparece de repente, secuestrada por el amor; o la de esos niños bastardos del mismo padre que en la escuela se reprochan mutuamente su origen y se profesan odios feroces; o la de esa joven que muere desesperada abrazando la cinta del sombrero del joven que ama; o la de ese estudiante de la escuela normal que odia la guerra, pero es obligado por los revolucionarios a tomar las armas con ellos, y muere en combate.

Son historias conmovedoras y también llenas de compasión, una compasión discreta por esos pobres países de América Central que soportan una caricatura de civilización, donde los instintos se desatan con más brutalidad y más imprudencia que en cualquier otro lugar. Tal vez desearíamos del Sr. Mejía Nieto menos resignación, menos filosofía sonriente. Nos demuestra, al menos, que sabe observar con agudeza y que, aunque oculta, su emoción no es menos intensa bajo su estilo sencillo y elegante.

Georges Pillement – Revue de l'Amérique Latine, Francia.

Cuando le escribí antes lo hice precipitadamente, sin una lectura completa del libro. Es muchísimo más hermoso de lo que a primera ojeada lo creí. Hay en él cuentos que son verdaderas obras maestras, como «El Solterón», «La lechuza», dignos de Maupassant o de Mérimée, pero con más sentimiento y poesía.

El primero de estos dos se lee —lo he leído yo al menos— con lágrimas en los ojos. Lo felicito cordialmente. Su obra es de un maestro.

Hugo Wast.

Me hallo con una mano en mal estado —accidente de auto, infección, etc.—, lo que me ha impedido saborear en lo que vale su obra. Hago con esto referencia al relato inicial de «Zapatos Viejos» y que me parece magnífico.

Horacio Quiroga – Buenos Aires.

Dentro de los cuentistas americanos, Arturo Mejía Nieto ocupa un puesto bien ganado. Sus libros publicados son testimonio favorable y suficiente.

La Nación – Buenos Aires.

Con los acertados giros y palabras del que conoce el encanto del lenguaje bien manejado, Arturo Mejía Nieto hace desfilar ante los ojos despiertos del lector la vida de sus personajes. No se adivina en la relación un detalle rebuscado; todo es naturalidad y sencillez. Ni un grito que desentone, ni un ademán descompuesto; no hay violencia ni en las palabras ni en los gestos.

En los pinares hondureños habían sonado flautas alegres, como la de Turcios, y flautas melancólicas como la de Reyes, pero la música que suena en «El Vampiro» y en «Tierra Maternal», o que se torna canto gregoriano entre las enramadas del bucólico pionero, había de trocarse en un instrumento más sencillo, que se ajustara a la rústica melodía con un desenfado que se aleja de lo épico y de lo lírico, para nutrirse desde la raíz con las savias en que aquella tierra de altos y bajos hace fluir corrientes subterráneas de alegría que poco a poco van llevando las amargas levaduras de la sangre. Es decir, que los elementos del folklore han sido mejor aprovechados por Mejía Nieto, etc., etc.

Espíritu penetrante, observador fiel, narrador cautivante y ameno: he ahí al autor. Mueve los personajes como quiere, los sacude, los manda, los domina; y los personajes, obedientes, retienen la atención del lector hasta su desenlace. Con cada uno de sus cuentos, sintéticos e intensos, en los que todo es nervio, substancia y vida, podría desarrollarse una novela. Él condensa hábilmente. Con ello, viviendo la hora actual, gana interés y emoción; es decir, logra en intensidad lo que perdería en extensión.

«El Solterón», Lalo, que ha contraído el solemne compromiso de permanecer soltero hasta casar a sus hermanas, sufre la burla del amor y, humorísticamente, se venga de ese mismo amor. Es, sin duda alguna, el cuento que deja más agradable sabor al lector, por el relieve, el sentimiento y la gracia de su protagonista. La venganza del hijo en «Pilar»; el neurótico y excéntrico «Don Ramón»; el fatal desenlace del tímido y tragicómico don «Alberto Lima» y la aventura de «Ruperta», son episodios bien concebidos y desarrollados. «El Crimen de la sonámbula», «Tomás» y «El forastero», son cuentos de fuerte dramaticidad. «Un padre» es el relato hondamente conmovedor. El autor de «Relatos Nativos» y «Zapatos Viejos» afirma con «El Solterón» su nombre y prestigio.

Juana de Ibarbourou saluda a su distinguido amigo Arturo Mejía Nieto y, al agradecerle su valioso regalo de «El Solterón», que ha leído con interés, hace votos porque el nuevo año le traiga, como totalmente lo merece, la felicidad y la gloria.

Montevideo, Uruguay.

Su libro «El Solterón» me ha proporcionado horas exquisitas con su lectura. El estilo de usted es fácil y comprensible; hay autores que encuentran un placer en describir las cosas de un modo alambicado y oscuro que nos dejan con el cerebro lleno de pensamientos absurdos, tratando de adivinar el oculto sentido de las palabras, pero usted no hace eso, y de ahí que haya leído sus cuentos con verdadero deleite.

Rosario Sansores – Habana, Cuba.

Leí su hermoso libro «El Solterón» y le confieso que fue una revelación para mí. En efecto, no esperaba encontrar en él —o mejor dicho, en todos los relatos que lo constituyen— tanta emoción, tanta belleza, tanto interés y tan grande conocimiento de los sentimientos humanos.

Todas las figuras de su libro son inconfundibles retratos de almas que se mueven y viven a nuestro lado. Tienen una fuerza y están diseñados con unos trazos que sólo disponen los grandes autores, endurecidos en las luchas de la vida y en el pasar de los años, y que parecen inconcebibles en un joven como usted, que aún tiene toda la vida por delante.

Cada uno de sus personajes daría margen para toda una novela. Hay en su libro una riqueza insospechada de corazones al desnudo y un derroche de observaciones psicológicas. Veo que sabe contemplar usted el mundo con una profundidad admirable.

Amigo mío, lo felicito cordialmente y le pronostico grandes éxitos, pues tiene usted todas las condiciones para triunfar.

Hasta pronto; lo abraza su compañero y colega,

Enrique Gavidia – Buenos Aires.

Amigo Arturo Mejía Nieto:

Bienvenido «El Solterón» —y otros cuentos—. Celebro su labor constante y segura. Lo aplaudo y le alargo después mis manos de amigo.

Alfonso Repes – Río de Janeiro, 1931.

MEJÍA NIETO, ARTURO: «El Solterón». Colección cuentos. Buenos Aires, 1931.

La novelita corta que da el título a este libro es un pequeño poema de humor y de emoción, en el cual el tipo de «El Solterón» invade todas las páginas con los matices de sus cavilaciones arbitrarias al soportar mansamente toda suerte de quebrantos y de inquietudes, a base de una absurda promesa, hecha junto al lecho de su madre moribunda, aceptando el encargo de casar a sus dos hermanas antes de decidir él mismo sobre su propio destino.

El fracaso espiritual de este hombre se nos pinta con tonos verdaderamente dolorosos. Ha de casar a sus hermanas, y él no sabe cómo se hacen esas combinaciones. Sus hermanas carecen de atractivos y, por otra parte, su carácter no les ayudará seguramente a resolver el arduo problema. Mientras piensa en todo ello, surge a su paso en la vida la posible compañera con la que él sueña desde su infancia. Se entienden, y cuando él se da cuenta de que ha de cumplir antes lo que ofreció, refiere a su novia su juramento, y ella ofrece esperarlo, si no tarda mucho en quedar libre.

Desde ese momento, sólo piensa en casar a sus hermanas, y pone a prueba su candor infinito eligiendo sistemas y arbitrando recursos para que algunos amigos acudan a su casa y conozcan a sus hermanas. Ellas le ayudan poco; pero al fin se casa una. La más bonita. La otra es más difícil.

En este trance, la novia se desanima. En una última entrevista le pide que se aventure a crear su hogar, y como él renuncia, ella le devuelve su palabra para recobrar su libertad. Poco después se casa la joven, despechada, y se ausenta del pueblo, dejando a su antiguo amor desesperado.

Cuando han pasado algunos años, encuentra otra la hermana colocación, y queda él solo en el hogar triste, con sus amarguras y con sus pesares. Entonces comienza la parte más emocionante de la novela.

Se inicia la persecución por parte de las muchachas, que ven en el solterón lo que vulgarmente se llama un buen partido, y acaban irritándole, por su tenacidad de mujeres que no quieren quedarse solteronas. Advierte entonces que están desarrollando con él igual táctica que siguió para colocar a sus hermanas, y su defensa, dadas su bondad y su falta de mundo, forma quizá la parte más bella de esta novelita.

Un día llega a su hogar una carta para su hermana. Es de su antigua novia. Dice que está muy bien, que es feliz y que tiene tres hijos.

El solterón, imitando la letra de su hermana, escribe una carta en la que traza lo que él desearía que fuese su casa. Dibuja la mujer que soñó, y habla de sus hijos pequeños, con sus ojos azules y su dorada melena rizada, con igual ternura que si los tuviera entre sus brazos, para caer abrumado sobre la carta, que queda allí manchada por sus lágrimas.

De El Sol – Madrid, España.

El autor es originario de Honduras. Este pequeño libro es una colección de cuentos cortos. La mayoría de ellos, que tratan sobre personas analfabetas, están escritos en dialecto. La mayor parte de estos relatos se desarrolla en el ambiente de la vida rural, aunque algunos tienen como escenario la ciudad. En general, las tramas son simples e incluso comunes, pero se muestra una habilidad considerable en la construcción de los personajes. Los cuentos tienen una orientación psicológica, con abundante realismo. Sin embargo, es un alivio no encontrar aquí el crudo naturalismo que últimamente ha deformado y desfigurado tantos cuentos latinoamericanos que, de otro modo, serían excelentes. Podemos esperar más, e incluso mejores obras, de la pluma de este joven hondureño.

Cavert J. Winter – University of Kansas.

A MI HERMANA LILI...

SOLEDAD ENGAÑA A SU ESPOSO

El padre murió primero. Regresó ebrio una noche de invierno. No tuvo fuerzas para abrir la puerta y se quedó a dormir en la calle. Aquella vez hubo una extraña mezcla de frío y de lluvia; a la mañana siguiente el cadáver del hombre presentó un aspecto grotesco.

Algunos años más tarde murió la madre; ya Soledad se encontraba casada. Lo único que heredó fue la humilde casa en que vivían, que después ocupó con Manuel Villafranca, su marido.

Poco después de casarse, le nació a Soledad una niña, Adelita. Mientras la niña iba creciendo —y aun antes de que naciera— Soledad, casi en la cara de su marido, recibía ciertos pretendientes. Varios cuentos se levantaron. A la casa de ella, mientras era soltera y después de casada, llegaron por turnos: Anselmo Rivera, un militar de apellido Rozco, y don Joaquín Ramos, el pedagogo...

El último que visitó la casa fue el general y revolucionario Pepe Cardoso. Como se verá más adelante, la emigración voluntaria de Manuel Villafranca para la vecina república de El Salvador se debió a las relaciones de Soledad con Cardoso. Esto se puso en evidencia al nacer Héctor, el segundo hijo de Soledad y cuyo padre era el propio Pepe Cardoso...

La psicología de Manuel Villafranca, esposo de Soledad y padre de Adelita, ofrece un capítulo aparte por su interés. El casamiento de Soledad y de Manuel fue un error. Soledad y Manuel tenían un carácter, una educación y una visión del mundo completamente opuesta.

Lo típico en la psicología de Manuel fue una agreste timidez unida a una gran soberbia. Manuel desconfiaba de todo el mundo, y como consecuencia, desconfiaba de sí mismo. Durante su juventud, estudiando para abogado en la capital, había fracasado. Tanto le molestaba aquella pena moral que creyó olvidarla casándose con Soledad, una mujer alegre e inteligente que le haría la vida llevadera.

Hay una pequeña experiencia que enseña hasta dónde llegaba el orgullo de Manuel: el padre suyo había sido un político de mucha importancia y, cuando se le demostraba aprecio al hijo por los méritos del padre, Manuel se mordía los labios de cólera. Él creía tener cualidades para hacerse apreciar por sí solo.

Al contrario de Soledad, que siempre fue simpática, Manuel daba mala impresión: aparentaba soltura sin poseerla. En esto, como en todo, el marido estaba en oposición con el modo franco, espontáneo y natural de su esposa. Soledad se casó con Manuel Villafranca porque, ante los ojos del mundo, su posición mejoraría.

El primer choque serio entre los dos cónyuges fue motivado con el nacimiento de Adelita. El marido nunca estuvo seguro de que Adelita fuese su hija, y Soledad poco se preocupó de convencerlo...

Las relaciones de Soledad y Cardoso fueron motivo de murmuraciones. Manuel le pidió explicaciones a su mujer, pero Soledad tampoco se preocupó en dárselas. Fue en esta época cuando Manuel se abandonó al vicio. Se le veía sin saco, sin cuello ni corbata y a veces descalzo, gritando por las calles de Santa Clara. Sus gritos se habían hecho tan familiares, que las gentes, compadecidas, salían a las puertas y lo invitaban a entrar. Después que él entraba, tenía la costumbre de narrar sus desventuras. Mientras hablaba, los ojos se le llenaban de lágrimas.

—Soy muy desgraciado —decía—. Lo que yo debo hacer es meterme un plomo en la cabeza. Présteme una pistola, quiero quitarme la vida.

Manuel acababa por llorar como un niño...

—No llores, hombre. Trata de olvidar a Soledad y a Cardoso. Es como tú dices, tú vales más que ellos. ¡No te preocupes más, Manuel!...

Pero él ya no era el hombre reservado que todos conocían, sino el ebrio que vomita sus secretos:

—Me casé con Soledad porque la amaba... Porque fue el único amor de mi vida. La quise desde que ella tenía doce años: juré casarme con ella...

Adelita se preocupaba de la situación de Manuel. Le cocinaba los alimentos y lo seguía por las calles, mientras el hombre daba gritos. Aquella escena de la niña luchando con el padre era un espectáculo conmovedor. A veces, hombres y mujeres llegaban a prestarle ayuda. Después, Adelita, que había mantenido los nervios en tensión, soltaba a llorar. Sufría de vergüenza por el cuadro que ella y el ebrio habían ofrecido a los curiosos en la calle...

Hubo un tiempo en que, a causa del «guaro», Manuel Villafranca cayó enfermo y fue necesario recogerlo y llevarlo para que su mujer y su hija lo atendieran. El hombre estuvo tan mal que Soledad se conmovió y se dedicó a cuidarlo a la orilla de la cama. No lo cuidaba por amor de esposa, sino por lástima.

Manuel sufría de afección a los pulmones y estuvo grave. Los ahorros se concluyeron. Soledad se presentó a sus amistades para que le prestaran dinero y fracasó. En Santa Clara un hombre, al menos, nada le negaría, y ese hombre era su amante, el general Pepe Cardoso.

En medio de su desesperación, sin decirle nada a su marido, recurrió a Cardoso. José Cardoso despidió a sus amigos, con quienes se reunía para hablar de política, hablar mal del gobierno y concertar los planes de un cuartelazo. Se supo que Soledad había visitado a Cardoso y la noticia recorrió la ciudad de boca en boca. Cardoso trató de echar llave a la puerta y Soledad le dijo:

—¡No creas que me voy a oponer!... A eso vengo, ¡a vender mi cuerpo!...

Ante semejantes palabras, Cardoso se turbó. Volvió a mirar al suelo, se apretó la palma de la mano con las uñas y por fin se decidió a ver a Soledad frente a frente. Fue una mirada sostenida y larga.

—Pero... ¿por qué dices eso, Soledad?

—¡Silencio! ¡Piedad!

Era una explosión de aquella violencia, de aquel gesto con que ella había contestado a la siguiente pregunta de Adelita, su hija:

—¿Pero cómo puedes creer, mamá, que Cardoso te quiere con fines honestos?

—No sé nada. Lo único que sé es que soy desgraciada con tu padre: ¡eso es todo!

Cardoso tuvo miedo de hablar. Pero aquello no era suficiente. Se dio cuenta de que se estaba jugando un destino.

—Es cierto, Soledad, tuve una idea negra...

El general Cardoso se levantó y fue a abrir la puerta.

—¡No! —gritó Soledad—. Dejá la puerta con llave. Vengo a vender mi cuerpo. Dame doscientos pesos para pagar al médico, que Manuel se me está muriendo...

Cardoso, sin comprender lo que Soledad decía, se le quedó viendo. Por fin se levantó, fue al cuarto siguiente, extrajo doscientos pesos, volvió y se los entregó a Soledad...

—Todos ustedes los hombres son iguales —respondió Soledad con una risa mezclada de amargura y sarcasmo.

Cardoso fingió sentirse nervioso y avergonzado.

—Es verdad, me equivoqué —dijo.

Soledad permaneció en silencio. Cardoso se abalanzó y le agarró una mano.

—Ahora te quiero más que nunca —dijo—. Ya sé que la gente te calumnia, pero tú eres buena, Soledad. Me duele que te hayas casado, yo te podría hacer feliz. Te quiero mucho, te lo juro por el nombre de mi madre, te amo como jamás amé a ninguna mujer. Te amo, ¡Dios mío!, te amo con todo mi corazón...

Soledad hacía un gran esfuerzo para no caerse. Cardoso estaba de rodillas, besándole las manos, y sentía que la emoción le subía, embriagándola como un vino hasta la cabeza.

Soledad empezaba a amar de verdad a Cardoso. Por eso, mientras Cardoso le buscaba las manos, un sentimiento de gratitud y felicidad le penetró en el corazón. Alzó la cabeza y derramó la mirada por la pequeña sala. Sentía una sed, una profunda sed de ternura. Quería estar segura de que nadie llegaría mientras los dos estuviesen allí. Nunca había amado en su vida y sentía la necesidad de amar a Cardoso. Él era el único hombre que le había inspirado amor. Durante su larga vida con Manuel, jamás había sentido ternura, ni siquiera atracción física.

Cardoso, en cambio, aunque tosco y hasta vulgar, por su naturalidad y sus cualidades varoniles, desde el primer momento le había inspirado amor verdadero. Era José Cardoso un hombre de mediana estatura, tipo de indio, fornido y bastante trigueño en comparación con el blanquísimo cutis de ella. Soledad no sabía qué hacer; una dignidad instintiva de mujer la mantenía indiferente ante las palabras amorosas de Cardoso.

—¡Soledad!... ¡Soledad!...

—Pepe, ¿por qué le echaste llave a la puerta? ¿Por qué le echaste llave cuando yo entré?

Él le tiró los brazos. Soledad, nerviosamente, caminó hacia atrás:

—¡Alto!... ¿Qué quiere usted?...

—¡Soledad! ¿No me entiendes?

—¡Cómo no! A todos los hombres les entiendo. Todos son unos hipócritas. ¡Todos ustedes son unos hipócritas! ¡Unos hipóooooocritas!

Cardoso bajó los brazos, descorazonado. Volvió a ver hacia la puerta, sacó la llave, volvió a mirar a Soledad, que permanecía muda. Creyó comprender:

—Perdóname, Soledad. Te quiero de veras, con todo mi corazón. ¿Qué tal sigue Manuel? ¿Quieres de mí otra ayuda?

—No, ninguna.

Quedaron en silencio. Cardoso se preguntaba:

—¿Qué quiere esta mujer? ¿Qué quiere?

Soledad levantaba los ojos, suspiraba hondamente y bajaba la cabeza:

—Manuel está muy mal. Por eso vengo a pedirte este dinero...

Cardoso le respondió con una mirada de ternura. Soledad se le acercó.

—¡Soledad!

—¡Pepe!

—Si te he ofendido, te ruego que me perdones.

—Ya me voy... Manuel está muy mal...

—¿Quieres que vaya a verlo?

—¡No, huuy, no!

—Bueno, adiós...

—¿Crees que tus amigos me vieron cuando entré?

—Noooooo.

—Cuando a Manuel le paguen, te traigo el dinero.

—No hay apuro.

—¿No quieres que yo misma vuelva... con el dinero?

—¡Claro! ¿Cómo no voy a querer?

—¡Adiós!

—¡Adiós, adiós, negra!...

—¡Ah! Se me olvidaban las flores que traje...

—¿Me regalas una? Esta... rosa.

Caminó ella, y al llegar a la puerta se paró, volvió a ver a Cardoso con un gesto lleno de femenina coquetería y desapareció.

Pocos días después, cuando Manuel ya se había levantado, supo que su mujer había visitado el cuarto del general Cardoso. El corazón se le llenó, hasta desbordarse, de cólera irrefrenable. La cólera hervía en su pecho de hombre convaleciente. Se dijo a sí mismo:

—Será siempre mi rival; el verdugo de mi vida.

En el cerebro de Manuel se produjo algo como un desgarrón violento, doloroso, y un estremecimiento interno le recorrió todo el cuerpo. Al pensar en Cardoso, se dijo:

—Es un insolente porque la insolencia es un elemento de su carácter. ¡El soldadote!

Después sacó su revólver y lo estuvo observando. Esa noche se emborrachó, buscó a Cardoso sin encontrarlo y finalmente no quiso regresar a su casa. Se puso a lamentarse nuevamente de su situación y, de pronto, rompió a llorar...

A la mañana siguiente encontró la solución: se iría lejos de Santa Clara, a otro país de Centroamérica. Para despedirse, se volvió a emborrachar y anduvo buscando nuevamente al amante de su mujer, sin encontrarlo. Se alejó del pueblo ebrio y de noche.

Tres años más tarde murió Manuel en la vecina república de El Salvador, dedicado a la bebida, al alcohol, y en la pobreza. Soledad, libre de trabas, continuó sus relaciones con el amante. Poco después nació Héctor, hijo del general Cardoso.

Por ese tiempo, Fernando Rivas (hijo) ya era novio de Adelita. Habían sido novios en Santa Clara desde niños, cuando ambos asistían a la escuela mixta. Los años fueron pasando, se supo que don Fernando y doña Lupe, padres de Fernando, lo reprendían.

Cardoso había finalmente abandonado el pueblo por cuestiones políticas. Ya desde su partida se supo que iba a traer la revolución...

José Cardoso, o Pepe Cardoso, como dijimos, era un gran propagador de las revoluciones militares, por el único fin de acaparar el poder. Hombre tosco, vulgar y satisfecho de su hombría. Los rumores de la revolución no habían sido infundados.

Soledad, poco después de la partida, recibió carta de Cardoso desde la vecina república, en que le anunciaba el regreso a San Nicolás, la antigua hacienda de Manuel Villafranca. Le solicitaba el número de soldados, armamento y probabilidades de refuerzo en caso de atacar la plaza de Santa Clara. Soledad obtuvo los datos y fue a entrevistarlo a San Nicolás.

Desgraciadamente, en ese momento, las relaciones de Fernando y Adelita tomaron mal camino y un nuevo escándalo estalló en la familia Villafranca. Se sabía que Adelita era buena, de magníficas cualidades morales y, por consiguiente, extrañó. Todos se preguntaban si Fernando Rivas, para limpiar la honra de su novia, se casaría con ella.

Fernando luchaba entre su deseo de casarse y la negativa de sus padres. Soledad recibió un golpe doloroso; ¡se había hecho tantas ilusiones con el matrimonio! En medio de su pesar, huyó al lado de Cardoso, que la esperaba.

Reyes, el Comandante de Armas, tuvo conocimiento de la entrevista de Soledad y Cardoso en San Nicolás. Dijo:

—Soledad no sabe que la carta que ella recibió estuvo en mis manos. Enviaré a Damián Luna a que me traiga a Cardoso vivo o muerto...

"YO SOY EL INDIO DE GUALCINSE"

Amaneció el día y los revolucionarios permanecieron fumando, haciendo planes, bebiendo aguardiente y concertando proyectos en el antiguo rancho de Manuel Villafranca.

El general Cardoso y los oficiales comentaban, en unión de Soledad, las probabilidades de triunfo.

Apareció el coronel Sosa en la puerta con una botella:

—General Cardoso, ¿un trago?

—Sí, hombre, no cae mal.

Devolvió la botella escupiendo...

—¡Jesús! —comentó Soledad—. Como si no hubiera vasos en la casa...

—Andamos en campaña.

—¡Ponéle freno a tu lengua!

—Ja, ja, ja, negra, perdonáme la indecencia...

De la cocina llegaba:

—Prestame dos pesos, que te serán reintegrados.

—¡No tengo, hombre, no tengo!

—¡Puta suerte! Tiempos más fregados no los he conocido.

De pronto, la voz imperativa de don Secundino:

—¡Apuráte, pendejo! ¡Indio haragán!

—¡Su madre! —respondió una voz.

—¿Qué pasa allá? —preguntó el general Cardoso.

—Una yegua que se me engusanó —dijo don Secundino—. La niña Soledá me facilitó aceite de liquidámbar, pero no la pudimos salvar...

—¿Desde cuándo está muerta allí?

—Ayer temprano amaneció muerta.

Efectivamente, en medio del llano aparecía el cadáver del animal. Los zopilotes, devorándolo, se peleaban unos con otros. Le habían extraído los ojos. Los perros de la casa se disputaban la carne descompuesta en lucha contra las negras aves de rapiña. Ladraban los perros a los zopilotes, pero aquellos arrancaban con el pico alguna víscera despedazada y, cómicamente, saltaban ante los ladridos de los perros.

—¡Hombre, Isidoro! —comentó don Secundino—. Esos perros, después de comer mortandad, es seguro que van a estar hediondos. ¡Que no se acerquen ande hay gente!...

En la cocina, en medio de los hombres, la sirvienta Braulia llamó a su hija:

—¡Juna! ¡Juna! Echáme el crío, pa' darle de mamar.

Un niñito de seis meses fue alcanzado a la madre. La mujer se extrajo los pezones metidos en una camisa sucia y se los acercó al niño, que los comprimió entre sus débiles encías, con hambre.

—¿Quién es el padre? —preguntó uno de los revolucionarios.

—¿Padre? ¡Qué sabe una entre tantos!...

Después, cuando el niño estuvo dormido en los brazos maternales, la mujer se lo amarró con un rebozo sobre la cadera. Se puso un cántaro sobre la cabeza y cómodamente se fue a traer agua para sus quehaceres.

—Regreso horita. Calentáme la olla —le dijo a la hija.

Por la puerta, corriendo detrás de una gallina, atravesó un gallo, con las alas abiertas y los ojillos inyectados. Por fin, el animal la atrapó y la cubrió con las alas.

Uno de los hombres bostezó al despertar, extendió los brazos perezosamente y dijo:

—¡Me sento tan amolao!...

—Veya, doña Soledad —le decía el general Orellana, allá en la sala—, si llegamos al poder, don Pepe va a ser nuestro presidente y usted se va a ir a vivir a la capital. No conviene que una persona joven y bonita viva en estas apartadas regiones.

El general Cardoso entró entonces. Le guiñó un ojo a Soledad y después le dijo al general Orellana:

—Los espías que enviamos ya regresaron, mi general. No hay peligro, pero lo mejor es irse.

Dicen que por aquí se atraviesa Damián Luna con su escolta. Parece que allí, al otro lado del cerro, tiene la querida. Si pasa, nos ve. Es mejor irse.

Héctor apareció gritando:

—¡Mamá! ¡Mamita! Andá a ver a Bonifacio con un riflón; lo traen de soldado...

—¿Cómo, Bonifacio de soldado? —preguntó Soledad.

—Se me olvidaba —contestó Cardoso—; lo encontré en San Marcos.

—¿Pero y lo traen de soldado? —preguntó Soledad.

—¡Claro, como ya no lo querés!

—¡Pues, con Bonifacio sí que van a ganar la guerra! —comentó Soledad.

Calentaba el sol. Polvo, piedras, bostezos. El verano del trópico estaba en su apogeo. En el azulado horizonte se recortó la figura escuálida y macilenta de una yegua con el potrillo de tres meses.

—Yegua de don Nicanor —comentó don Secundino—; desde aquí le diviso el fierro. Estos animales se mueren de sequía. Nunca hemos tenido un verano tan bravo como el que estamos pasando. Sabrá usted, general, que si los animales de la niña Soledad no los llevo a la montaña, esta es la horita en que estarían muertos. Verano tan bravo nunca lo han visto mis ojos, y recuerde que ya coleamos los sesenta. Con decirle, mi general, que el río se nos ha secado; es un puro arenal. Por eso las vacas de don Nacho y del finado Jorge Pineda andan por ahí que se las lleva el viento. Da lástima ver esos animales; los huesos les salen de puro flacos...

—¿Este lugar cómo que es solitario? —preguntó el general Orellana.

—¡Qué pregunta de hombre! —replicó el general Cardoso—. ¿Cree usted que por otra cosa lo he traído aquí?

—¡Ajá! ¿Esas tenemos? —agregó Soledad—. ¿Así es que no has venido por verme a mí, como me decías anoche?

Se guiñaron los ojos.

—¡Ya va, ya va! Siempre con ganas de pelear. Oye, negra, al general Orellana, mi compañero de armas, le dije más o menos así: "Tengo una negrita allá en mi tierra que me espera con los brazos abiertos. Voy a hacer la revolución por ella." Que diga mi general si es que miento.

—Tan cierto como que hoy es de día —respondió Orellana.

—Pues —volvió a agregar Cardoso— yo estaba bien. Ya te lo dije anoche, yo era el que administraba los bienes de doña Lupe de Fernández, una ricacha, de lo más rico del país vecino.

—Y probablemente también le administrabas el corazón... ¡Estos hombres!...

—Callá, mujer; dejáme hablar. Pues, como te decía, era un inmigrado y no era un inmigrado. Ganaba dinero, pero me hacías falta tú, negra. Ya te lo he dicho. En vida de tu marido, que en paz descanse, no podía realizar mis proyectos, pero ahora...

—¿Pero ahora qué? —preguntó Soledad con insistencia en los ojos.

—Ahora, el general Orellana sabe mis proyectos.

—Precisamente, de eso le hablaba —agregó Orellana.

—¿Ahora qué, decís?

—Ahora vamos a hacer la revolución. A eso venimos. Y al fin la justicia triunfa; la nuestra causa, que es la causa de los patriotas, la única causa justa... Si nuestra causa triunfa, si todo el país se levanta, como espero, al dar yo el grito de guerra, entonces, hijita, Héctor podrá llevar con orgullo el nombre de su padre.

—¡Bravo! ¡Bravo! —comentó Soledad con alegría. Luego se levantó y le dio cuatro besos sonoros y apasionados. Cuando hubo terminado, le dijo a Héctor:

—Ahora sos vos.

Héctor se le tiró en las piernas y besó al padre con locura.

—¡Que viva papá! —gritó, y desde afuera vino la respuesta de muchas voces:

—¡Que vivaaaaa!

—¡Cuidado, hijos, no hay que gritar! —respondió el general Cardoso a los que escandalizaban afuera.

Se oyó una guitarra y el general Cardoso dijo:

—¡Hola! ¿Ya tenemos música?

—Es Macedonio, el que le da de comer al caballo de don Secundino.

—Y viera, compadre —agregó don Secundino—, ¡qué indio para cantar!

—¡Cantá, hombre! ¡Echá afuera lo que te salga! —ordenó el general Cardoso.

—No sé, patrón —respondió Macedonio—. Se me reventó la cuerda de la guitarra y hasta el domingo que vaya al pueblo pienso comprar una.

—¡Qué cuerda ni qué nada! —respondió don Secundino—. ¡Ahí no estás trinando la bandurria, echále nomás!

—Oye, Macedonio, no te olvidés que es el general Cardoso quien te quiere oír.

—Eso ya lo sé —respondió Macedonio—; pero por eso debe ser buena música...

—No creás —le contestó Soledad—, Pepe se conforma con cualquier cosa. Cantá aquella tonada que se llama: «Yo soy el indio de Gualcinse».

—Pues, si el general se conforma...

—¡Pues está claro que me conformo! Cantá, hombre, te voy a dar un trago. Vení, te voy a dar el trago primero, vos como que sos desconfiado.

El indio se quitó el sombrero y entró mostrando los dientes blancos en la cara negra.

—Tomá y bebételo a la salud de nuestra causa. Si llego a la presidencia, ya sabés...

—¡Ja, ja! ¡Qué se va a acordar de este indio que trabaja en la hacienda de la niña Soledá!...

—¿Cómo que no me voy a acordar, hombre? Ve, voy a apuntar tu nombre en la cartera, para que no se me olvide. ¿Cuál es tu nombre?

—¡Macedonio!

—¿Macedonio... pero qué? ¿No tenés apellido?

—Macedonio.

—Ya sé; te llamás Macedonio. Ahora decíme cuál es tu apellido.

—Macedonio Arneaga —contestó Soledad.

—Vaya, Macedonio Arneaga; ya apunté tu nombre en la cartera. ¡Ahora a cantar!

El indio se lamió las comisuras de los labios para saborear los residuos del licor que aún le humedecían, y después se sentó en el suelo. Los hombres que estaban afuera se vinieron a aglomerar en la puerta. Todos los ojos se prendieron de los dedos de Macedonio.

El indio empezó:

Yo soy el indio de Gualcinse
que vengo de tierra fría
con el cacaste en el lomo
vendiendo mis granadillas...
vendiendo mis graaaanadiiiillas...

Cuando bajé por la cuesta
con el lomo bien henchido
le dije: «Mujer, hacéte
el pinol. Vengo cansado.»

Al ladrido del perro
me le fui con cuidado
al otro lado, mujer,
que por ahí va el armado...
Yo soy el indio de Gualcinse
que vengo de tierra fría
con el cacaste en el lomo
vendiendo mis granadillas...
vendiendo mis graaaanadiiiillas...

—¡Bravo! ¡Bravo! —dijeron todos.
—¡Bravo, Macedonio! Vení, te voy a dar otro trago —dijo el general Cardoso.

El indio estiró el brazo y se bebió el vaso lleno de guaro...

—¡Vea, general Orellana, lo que son las cosas! —dijo por su parte Cardoso—. Hace un mes yo no pensaba estar aquí. Quizás dentro de otro mes ya estaremos en la capital...

—¡Ja, ja, ja!

—La vida, pa' qué negarlo, me ha jugado muchas pasadas. Nací en Choluteca, me fui con mi padre a estudiar a la capital. De la escuela salté para ir a la guerra. Y héme aquí de inmigrado cuando solo tenía quince años y con dos combates por delante. Me acuerdo que mi vieja casi se muere del susto al recibir la carta que yo le mandaba desde Nicaragua. Y no había para menos, mi amigo, no había para menos.

Mi padre, como hombre de carácter fuerte que era, le dijo:

—¡Déjalo, mujer! La cabra tira al monte. Yo le quise dar carrera al muchacho, pero él prefiere la política; pues, que haga como quiera. Cuando se arrepienta ya será tarde...

¡Y qué palabras tan sabias! Después, cuando he vuelto por cuestiones políticas a Nicaragua, no me he podido ganar la vida, por falta de una profesión o de un oficio. Volví, pues, con la gana de hacer profesión. Quería ser ingeniero, pero las revoluciones más me atraían; es algo que siempre he llevado en la sangre.

Hombre, ese tiempo en Nicaragua lo tengo en la memoria. Era, como les digo, muchacho de escuela; todos éramos muchachos de escuela. La salida de la capital era cuestión difícil, pero nos evadimos engañando los retenes. Veyan lo que hicimos: nos fuimos como que íbamos a bañarnos al Río Grande. Todos con sus toallas y demás. En llegando al río, no nos bañamos sino que cogimos ladeando el cerro. Les diré quiénes eran aquellos muchachos; todos hoy personas importantes: Chico Fernández, Samuel Salazar, Paco Reyes, mi tocayo Pepe Fiallos, el doctor Juárez, el doctor Gerardo González, Carlitos Pereira, el finado Napoleón Canales —y que era de pura verdad un Napoleón.

Aquel era el jefe, el que nos incitó a dejar la escuela pa' ir a traer la revolución con los emigrados. Iban otros: el ingeniero Armando Rivera, que me acuerdo que lloraba con los pies deshechos después del primer día de caminar a pie. Tuvimos que hacerle una silla con hojas y ramas de pino y llevarlo como obispo. El hombre más inútil que he conocido en mi puerca vida. Lo llamábamos la señorita Rivera... y también le decían los muchachos Mademoiselle Rivera y otras crueldades:

"¡Daca la pata, Periquito! ¿Quiere a mamita pa' que le dé leche?"

¡Ja, ja, ja, ja!

—¡Arriba, muchachos! —nos decía Napoleón Canales, trepado en un cerro—. ¡Somos muy hombres, somos hijos de nuestros heroicos antepasados! ¡Abajo la dictadura! ¡Que viva la revolución!

—¡Que vivaaaaa! —le contestábamos. Hasta el pobre Armandito Rivera se ponía entusiasmado...

—¿Pero y cómo esperaban vivir en Nicaragua? —preguntó Soledad.

—¿Vivir? Lo que nosotros queríamos era aventuras. Eso sí, ya sabíamos que Carlos Saravia estaba allá como representante de nuestro candidato... pagando hoteles para los inmigrados que llegaban. Así es que la cuestión era llegar. En llegando, al menos tendríamos cuarto y comida...

También iba el poeta Nicasio Ospina.

—No, pueta —le decían los muchachos—, mejor vuélvase; esto no reza con usted. Vuélvase a cantarle a las musas, pueta melenudo...

Se le habían roto los zapatos y apenas podía caminar.

Pues nos fuimos, evadiendo siempre el camino real, por miedo de toparnos con alguna escolta del gobierno. Los muchachos, era una de ver, la alegría que llevaban. Y nos parecía a todos que volvíamos triunfantes y entrábamos a la capital, bien montados y echándole mueras a la dictadura.

¡Abajo los de arriba! ¡Abajo el gobierno de los come-vacas! ¡Abajo los Gregorio Alcerro, los Villanueva y toda la familia de los Hernández Reina! ¡Que viva la revolución que lucha por libertar los derechos del pueblo! ¡Abajo la dictadura! ¡Abajo la imposición! Y qué sé yo...

Pues, como les decía, salimos de la capital cada uno con pocos centavos en el bolsillo. Uno de los más prevenidos llevaba una cantimplora llena de agua para mojarnos los labios, porque sentíamos sed de tanto andar... ¡Hay que ver que nuestro país es de lo más montañoso! Y nosotros teníamos que subir y bajar cerros a pata. Paco Reyes aguantaba el camino, pero el corazón lo llevaba chorreando lágrimas porque había dejado una novia en la capital. Una tal Laurita Reyes, según me dijo. Pero cuando volvió, ya se le había casado... ¡Vea lo que son las mujeres!

—¡Barajo ese tiro!...

—¿Cómo?

—Contestó el coronel Sosa:

—¡Hay una mujer presente, la niña Soledad!

—¡Déjelo que hable, que él es un santo hombre! —respondió Soledad.

—Pues, como le iba contando —prosiguió maliciosamente Cardoso—, nos fuimos por una selva, sin chante, guiados por el instinto, como los indios. Eso sí, iba un muchacho de por ahí, un muchacho del pueblo, que nos alegraba el viaje. El único que no se cansaba. Se llamaba Filomeno Torres. Sin embargo, tuvo un altercado conmigo y lueguito lo puse en su lugar.

El general Cardoso tenía la verba heroica y fanfarrona del trópico, propia del mestizo. Cansado de hablar, sacó un floreado pañuelo de seda y se limpió la sudorosa frente.

—Déjenme que me voy a tirar en la hamaca para seguir mi cuento. ¡Esta chingada gordura me hace sudar como un marrano!

El pesado cuerpo cayó sobre la hamaca y los delgados hilos de mescal se templaron.

—¡Hombre! peso más que una carga de munición, pero mi tordillo me va a resistir en toda la campaña.

—¿Por qué no te llevás mi mula Pajarita? Te la doy con mil amores —agregó Soledad.

—O mi caballo repinto —prorrumpió Héctor.

—Gracias, hijos, gracias. Déjenme seguir mi cuento. Pues, como les decía: durante el primer día sólo nos preocupó tener que caminar a pie. Pero al llegar arriba de Cedrón, tuvimos noticias de que se nos perseguía. El que nos perseguía fue nada menos que Villanueva, el jefe de la Policía. ¡Chingado cabrón!

Yo le llevaba un hambre a aquel extranjero que causó tanto mal a los hijos del país. Villanueva fue un tirano, y si no, que lo digan los que fusiló sin proceso, pasados simplemente por las armas. Era un desalmado.

Pues bien, lo que hicimos fue tomar otro camino. Poco después nos alcanzaron otros hijos del pueblo que también iban de inmigrados. Aquella compañía nos cayó bien. ¡Ah, me acuerdo que la primera noche dormimos en campo raso! Fue un sueño sabroso porque estábamos deshechos. Mi cabeza la puse sobre una piedra, pero me quedé dormido toda la noche. Para cuerpo cansado, no hay almohada dura, según aseguran.

Mientras pasábamos frente a un rancho —esto pasó en el tercer día— salió a la puerta una india a vendernos naranjas. Detrás venía el hombre de la mujer, con un machete.

—¿Cuánto cuestan? —preguntó Filomeno, nuestro divertido compañero.

—Se las dejo en un real.

—¿No las da en medio?

—No.

—¡Pues váyase con la música a otra parte! —respondió Filomeno.

—¿Qué está diciendo? —gritó el marido.

—¿Y a vos qué te importa? —le respondió Napoleón Salazar.

—Con vos no me estoy metiendo, pero si querés, pa' vos también hay —respondió el hombre con el machete en alto.

—¡Gallo ronco! —grité yo.

—¡Caitudos! —gritó el hombre.

—¡Tu madre!

—¡La tuya!

—¡Juan! ¡Juan! —gritó la mujer—. No sean deslenguados. ¡Váyanse, mi marido se puede pelear!...

Sacábamos fuerza de flaqueza. Todos soñábamos con una misma cosa: poder llegar a la frontera. Hasta entonces podríamos descansar. Nos explicaba Napoleón:

—Cuando lleguemos al primer pueblo de Nicaragua, nos vamos a sentir libres. Mientras tanto no podremos cantar victoria.

Todos echábamos la lengua, pero había que seguir mientras no tocáramos tierra del país.

—¡Ándele, ándele! —decía Filomeno, que estaba acostumbrado a maromearse quince leguas diarias.

—Al llegar a Santa María —decían los muchachos— vamos a besar la tierra. ¡Allí vamos a dormir tres días y tres noches! Hay que descansar antes de seguir viaje para la capital...

Agarramos un caballo.

—Aquí te tenemos la mula de silla, Armandito...

—¡Venga, Mademoiselle!...

Lo montamos. Filomeno prestó su camisa para que Armandito no se ensuciara el fondillo.

—Ahora sí llegaremos —dijo Napoleón—. Esperamos en Dios que no habrá más contratiempos.

Yo sentía una gran envidia por el caballo, pero me callé para que no me compararan con Armandito.

—Ojalá que encontremos otra yegua de remonta —me dije en mis cavilaciones.

—Hombre, hay que buscar agua.

—¡Adelante, adelante!

Napoleón era un tirano. Lo único que sabía decir:

—¡Adelante, adelante!...

Lejos se miraba una casa metida en una huerta.

—¡Dios mío! —me dije—. ¡Con qué gusto me fuera allí a pedir comida y que me prestaran la cama para echar un sueño!

—¡Adelante, adelante! —me gritó Napoleón.

Me pareció que a Armandito le dolía el fondillo por la falta de montura y me dije:

—Si me presta la yegua, me monto. Me monto aunque los muchachos cambien la buena opinión que tienen de mis piernas. Hay que ver que casi estoy tan cansado como Armandito. Y lo pior es que me han salido almorranas; estoy fregado.

Nuestras camisas tenían un olor que no era de rosas... Yo, oliendo mi propia camisa, lo noté, pero me quedé callado... Mi tocayo Pepe Fiallos lo notó después y, cuando todos comentaron, yo también, públicamente, me declaré impregnado de la misma putrefacción...

—Cuando lleguemos al lugar en que vamos a almorzar, las lavamos —dijo Napoleón.

Yo empecé a sentir las humillaciones que produce la ignorancia. Me arrepentí de las burlas que yo mismo hacía de Armandito. Fui yo el único que no logró sacar el sudor de la camisa. Jamás en mi puerca vida había lavado una tira de trapo... En medio de las burlas de mis compañeros —sin poder hacer que se volviera blanca— me la puse otra vez, hedionda y mojada.

Llegamos a una sacadera. Por el claro de los árboles miramos, al mismo tiempo que nos llegaba el olor de la caña, la pareja de bueyes que pasaba y pasaba en una rueda que no se acababa nunca.

Allí sucedieron cosas tristes y que bien se pudieron haber evitado. Como la bebida era barata y fuerte, la compramos y nos emborrachamos. El dueño de la molienda, con la precaución de sus años, nos dijo:

—Les vendo, pero se van de aquí, porque si el patrón llega y los encuentra borrachos, me mata... y los mata a ustedes.

Seguimos el camino ebrios, completamente ebrios. Yo me sentía mojado, hediondo y mareado...

La borrachera, en medio de un extenso y solitario valle, bajo un sol de fuego y sin la oportuna ayuda de una persona normal, nos aniquiló. Incapaces para seguir adelante, nos tiramos bajo la sombra de un árbol.

Napoleón sintió deseos de pelear y se agarró de los cuernos de una vaca chingada que lo arrastró despiadadamente a lo largo del valle. ¡Mi madre! No sé cómo el muchacho quedó contando el cuento. El pueta Ospina disparó todos los tiros del revólver. Nuestro amigo Filomeno se puso a cantar tonadas de su pueblo. Yo me puse a pronunciar discursos con la lengua enredada, que ni me salían las palabras. Armandito se quedó dormido como un ángel. Mi tocayo Pepe Fiallos se puso a llorar desesperadamente... ¡En fin, era una de ver!...

Al día siguiente, sin haber dado un paso, despertamos allí, todavía, durmiendo unos sobre la cabeza de los otros...

—¡Pendejos! —les grité—; ¡en este valle sale un león... por ahí va la huella!

—¡Écheme otro trago, coronel Sosa! —

—¡Pepe! ¡Pepe! —gritó Soledad—. Vos ya estás borracho. ¡Te lo conozco en los ojos!

—No creás, niña Soledad —argumentó el general Orellana—; el general Cardoso es un hombre de fierro; ya en el 912 también hicimos la campaña juntos.

—Oye, negra —aclaró el general Cardoso—, lo que pasa es que como estoy contando la borrachera que tuvimos... ¡cuando era un indisuelo de diez y ocho años!... pues lo natural es que me acuerde del buen trago ¡y me den ganas!...

—¡Ja, ja, ja, ja, ja! —todos celebraron con entusiasmo.

—¿No le parece a usted, mi general Orellana?

—Sí, sí; cómo no; claro, sí, sí.

—¡Siga el comento! —repitió Orellana—, que está muy sabroso.

El general Cardoso bebió agua y después la arrojó sobre el piso. Se estiró en la hamaca y siguió:

—Pues, como les iba contando, yo les informé del león. Que no era mentira, allí estaban las pezuñas pintadas en la arena... La borrachera nos pasó como por encanto y empezamos a caminar con miedo... La noche empezaba a caer. ¡Puta suerte!

De pronto empezó a llover. ¡Pero qué modo de llover! Las vacas del valle metían el rabo entre las patas de atrás, agachaban la cabeza y una tras de la otra seguían ¡Dios sabe para dónde! Seguramente buscando abrigo entre los árboles. ¡Mi madre! ¡En qué diablos estábamos pensando cuando dejamos nuestras casas para venir a sufrir hambre, frío, lluvia, miedo, cansancio! ¡Allí sí nos dio ganas de llorar!...

Pues, para no cansarlos, seguimos bajo la lluvia caminando por el extenso valle. Los zapatos se nos pegaban en el barro del camino. Armandito, ay, Armandito...

El cielo estaba pintado de negro. Los truenos repercutían sobre nuestras cabezas. Sonaban como la cadena que tuve que arrastrar cuando me metieron en la penitenciaría, en el 914.

—¿Y tú eras más grande que yo, papá? —indagó Héctor con una curiosidad que se transformaba en devoción.

—No, hijo; cuando me tuvieron preso ya era hombre; lo que soy ahora.

Y luego, volviendo a ver a los otros:

—Pues, como les iba diciendo, seguimos bajo la intemperie del tiempo. ¡Parecíamos ratones mojados! Ya mi tocayo Pepe Fiallos iba tosiendo. Creíamos que le podía dar pulmonía. Tenía la temperatura subida.

—¡Jesús, María y José! —prorrumpió Soledad con un gesto acongojado.

—¡Así se hacen los hombres, niña! —observó el general Orellana—. Por eso el general Cardoso ha llegado a donde lo ve. Así se hacen los hombres, a fuerza de golpes...

Todos acataron las palabras de Orellana en silencio.

—Llovió, sin mentirles, todo el día y toda la noche. Por fin llegamos a un pueblito. ¡Ay, mi madre, cómo nos alegramos! Necesitábamos calentarnos el cuerpo. Y algo de comer, bastante comida, porque teníamos hambre de perro.

A muchos se nos había acabado el dinero, pero Napoleón —según nos dijo después— se había entendido con uno de los jefes de nuestro candidato. Le había dicho Napoleón que se venía con nosotros, y el fulano le había hecho entrega de mil pesos en billetes y los revólveres que ya Napoleón nos había suministrado a cada uno.

Pues, amigo, nos hospedamos en diferentes casas para pasarlo mejor. A mí me tocó en una casa de buena gente, en compañía de mi tocayo Pepe Fiallos. Era una casa de gente ladina y nos atendieron bien. Les daba risa oír que éramos revolucionarios. Nos arreglaron una cena de tortillas, queso, cuajada y pan con café. Ya para acostarnos nos dieron una bebida caliente que nos hizo sudar. Después nos prepararon una cama pa' los dos. En la mañana, cuando quisimos pagar, dijeron que nada costaba, que el placer de servirnos era de ellos. ¡Qué le parece! ¡Vea usted qué gente!

—Héctor, Héctor, alcanzále la peineta a tu madre, que se le ha caído. Aprendé a ser galante con las damas, recordá que sos hijo de militar.

—Si los militares son los más desatentos con nosotras, las mujeres —dijo Soledad, levantando los brazos.

—No diga eso, niña —le aconsejó Orellana.

—Recordá que tu negro es militar —agregó Cardoso—. ¡Tan ingrata!

—Ahora vamos a visitar a los compañeros —le dije a mi tocayo—. Vamos a ver qué tal pasaron la noche en las casas vecinas.

Todos tenían alguna protesta que contarnos; algunos: que la cama estaba muy dura; otros: que no estaba buena la comida; otros: que les habían cobrado caro.

Mi tocayo y yo fuimos los que mejor pasamos la noche. Nos envidiaron por la buena suerte. Seguimos la caminata. Al mediodía todos tenían sueño y se acostaron a dormir bajo los árboles. Mi tocayo y yo éramos los únicos que teníamos fuerza para seguir.

El día era lleno de sol y la tierra se había rajado de tanto calor. Valle, un valle largo que no se acababa nunca. Había mucho ganado suelto y ni una casa en los alrededores. Ya hablábamos poco; tantos días de andar y de andar nos había agriado el carácter. Por supuesto, había unos pior que otros.

Armandito, por ejemplo, daba lástima. Caminaba siempre atrás con los zapatos rotos, la cara llena de tierra y un gesto de enojado, mirando siempre para abajo, sin decir palabra.

Mi tocayo Pepe Fiallos se había quitado la camisa y el saco, desnudo de la cintura para arriba; decía que era pa' sentirse más fresco.

El mismo Filomeno, con ser muchacho humilde, acostumbrado a andar a pie, se había comprado un par de caites, y los zapatos se los había quitado y los llevaba colgando sobre los hombros. Era, eso sí, el que iba adelante, siempre adelante. Cuando nos topábamos con un indio, siempre estaba presto a preguntar por el camino y ver si había alguna manera de llegar más pronto por otro lado.

Napoleón —¡había que ver a nuestro jefe!— iba adelante de mí, y me conversaba en secreto:

—¿Cómo te sentís, Pepe? Lo que soy yo, me siento como si me hubieran dado una paliza con una vara de fierro, o como si me hubiera desbarrancado. Te aseguro que nunca tuve idea que el viaje fuera tan largo.

—No hay que aflojar —le contestaba yo—. No hay que aflojar; ahora ya estamos metidos en el atolladero y lo único que podemos hacer es ver cómo salimos. Nadie nos dijo que nos metiéramos en camisa de once varas...

El día que llegamos a Santa María, como esperábamos, se nos alegró el espíritu, no sólo porque ya estábamos a salvo de las autoridades de nuestro país, sino y especialmente porque allá nos encontramos con muchos paisanos.

¡Viva la revolución! ¡Que vivan los revolucionarios! ¡Arriba, muchachos! ¡La juventud que promete, el porvenir de la patria! ¡Bravo! ¡Bravo!

Nos acercamos y les dimos la mano con emoción y alegría de ver tanto paisano.

—¿Y ustedes vienen solos? —nos preguntaban.

—¡Solos, claro!

—¡Caramba! —decían—. Cómo no se va a sentir uno deseoso de echar abajo los Gobiernos ineptos si hasta estas criaturas manifiestan su protesta a nuestro lado. ¡Caramba!

El orgullo nos llenaba el corazón. Olvidamos todas las calamidades que habíamos sufrido para hablar con entusiasmo, mostrando el revólver que cada uno traía.

El pueblo, como pueblo, no era nada. Pero al menos habría algo que comer. Nos llevaron a la única casa presentable, que era en donde estaban hospedados los paisanos revolucionarios. Supimos después que el jefe era el coronel Martínez, Adolfo Martínez, y los otros eran amigos y parientes de él. Estaban, según nos dijeron, esperando a otros revolucionarios desde hacía tres días. Todos ellos nos miraban desde la cabeza hasta los pies y después se echaban a reír.

—Pero, hombre, qué muchachos estos —nos decía el coronel Martínez—. Vea usted, amigo Pacheco, lo que son estas juventudes. ¿Qué se imagina usted que van a hacer cuando sean grandes? Si ahora se portan así, ¿qué nomás harán cuando sean como nosotros?... ¡Ja, ja, ja, qué muchachos! ¡Qué muchachos estos!... ¡Ja, ja, ja, ja!

Ante tanta risa no sabíamos si ponernos orgullosos o avergonzados por lo que habíamos hecho.

—¿Y sus padres no les irán a castigar por haberse venido? —nos preguntaba el señor Pacheco.

Después el coronel Martínez preguntó:

—¿Quién es el menor de ustedes?

—Yo —respondió mi tocayo Pepe Fiallos.

—¿Qué edad tienes, hijo?

—Ando en los quince; los cumplí en el mes de agosto, el 25 de agosto.

—¡Vea usted! —repitió Martínez—. No hay como la juventud...

Tal como habíamos pensado, esa noche dormimos más o menos bien y, al día siguiente, dormimos todo el día porque el coronel Martínez dijo que en la noche había que seguir el viaje pa' la capital.

—Muchachos —nos dijo el coronel Martínez—, puesto que no se quieren volver, se ponen bajo mis órdenes. Dicen que hace luna llena. Así es que va a estar propio para viajar en la noche. Nos vamos a ir después de la cena, pa' poder caminar toda la noche. En estos tiempos de calor, es mejor aprovechar las noches de luna.

Muy bien, todos estuvimos de acuerdo. Así fue. Tan pronto como terminó la cena —que el coronel Martínez no quiso que pagáramos— agarramos nuestros revolverones, los colgamos del cinto y nos echamos a caminar bajo la claridad de la luna. Hacía un airecito que nos refrescaba el cuerpo y nos daba ánimo para seguir. Al contrario de las caminatas anteriores, que apenas cubríamos siete leguas por la molestia del calor, anduvimos esta vez catorce leguas.

Únicamente iban tres hombres montados: el coronel Martínez y dos más. El resto, todos a pie.

Llegamos al tercer día a la ciudad de Somoto. Era la primera vez que volvíamos a la civilización. Nos dio alegría ver otras gentes ya mejor vestidas, y también nos alegramos de poder conocer mundo. Allí encontramos más emigrados. Algunos en buenas mulas y con bastante dinero.

Nos mandaron a comer a una pensión, en donde había muchos paisanos y la alimentación era buena. Recuerdo que la señora de la casa tenía una hija muy bonita, y todos nos habíamos enamorado de los ojos de la muchacha. Eran unos ojos grandes y negros.

—Aquí le traemos un pueta que le puede hacer algunos versos —le dijo Napoleón.

—Vamos, pueta Ospina, hágale un verso.

—Cuando esa niña cierra los ojos —dijo el pueta Ospina—, las aves piensan que es de noche y se van a dormir...

—¡Bravo, pueta, bravo!

—Pues yo me voy a dormir antes que ella cierre los ojos, porque ya tengo sueño —dijo un chistoso.

La comida era buena. La señora de la casa, como pasaba en todas partes, nos miraba y se echaba a reír.

—Vea usted qué soldados los que lleva —le decía al coronel—. Me parece que son mis hijos. Ojalá que nada les vaya a suceder.

—No tenga cuidado, señora —respondía el coronel Martínez—, en nuestro país hacemos las revoluciones dende antes de que nos desteten. Todos hemos nacido pa' la guerra.

—¡Vea qué cosas! —respondía la vieja—. ¡Vea usted qué cosas!

Nos estuvimos tres días y, cuando hubo que hacer la partida, ya estábamos completamente descansados.

Algunos de los revolucionarios se emborracharon, nosotros también: nos echamos buenos tragos de whiskey y de coñac. Allí conocí al doctor Rivas, don Manuel, que después llegó a ser Ministro.

Andaba en una mulita prieta, más briosa que un venado. Andaba el hombre con plata en el bolsillo y era de los que más derrochaban, porque siempre estuvo borracho. Con nosotros se portó bien. Pagó nuestra comida y nos dijo que si teníamos alguna dificultad, lo único que teníamos que hacer era tocarle el brazo, y que él iba a saber de qué se trataba...

Dejamos la ciudad con pesar, la gente nos miraba bien; entre todos los exilados, éramos los preferidos. El viaje fue más cómodo porque ya había más gente con quien departir.

Hasta Armandito se había resignado a su destino y tenía la cara más contenta. La esperanza de ver cómo era la capital de otro país, y otras ciudades, nos alegraba.

Un señor que había estado antes por cuestiones políticas nos decía:

—Vale la pena hacer el viaje, muchachos. No se van a arrepentir. Van a tener la oportunidad de ver el lago de Granada, la cosa más hermosa que han visto ojos humanos. El pueta Ospina va a tener que escribir un verso, y estoy seguro que no va a encontrar palabras para decir todo lo que siente su alma...

Los pies nos dolían a todos. Los zapatos, que parecían zapatos cuando emprendimos el viaje, ahora se asemejaban a cataplasmas.

—No hay que afligirse —nos decía el exdiputado Leonardo Cantarero—, no hay que afligirse, muchachos. Tan pronto como lleguemos a León, la gente del pueblo les puede regalar un par de zapatos viejos a cada uno. También pueden conseguir una camisa que, después de lavarla, queda como nueva. ¡No hay que andar con vergüenzas! ¡Aquí es donde se hacen los hombres! Y, por otra parte, nosotros no venimos a mostrar el traje. ¡Qué caramba! Venimos pobremente, en un gesto de protesta. ¡No hay que andar con vergüenzas; todos los que estamos aquí somos soldados de campaña!

El día en que llegamos a León fue cuando más me dolían las almorranas. ¡Con cuánto gusto hubiera aceptado que una mula me llevara sobre el lomo! Todos íbamos sudando; unos detrás de los otros, en una línea de gente que no acababa nunca. Parecíamos húngaros; todos con la cobija y el almuerzo guindando sobre el hombro.

La carretera, al llegar a León, era llena de polvo y caminábamos y caminábamos.

—¿Cuánto falta para llegar a la ciudad? —le preguntábamos a algún indio que encontrábamos en el camino.

—Por ay, atracito del cerro —nos contestaba.

Con la esperanza de que así era, empezábamos a caminar con más entusiasmo. Subíamos cerros y cerros, y seguíamos andando con la esperanza de poder terminar el viaje.

—¿Y por dónde queda la ciudad? —le preguntábamos al otro hombre que encontrábamos.

—Ya están llegando. Con otro poco que apuren, llegan —decía el hombre.

Caminábamos, el cuerpo apenas nos prestaba ayuda. Cuando encontrábamos alguna casa, íbamos a pedir agua. ¡Qué sed la que teníamos!

En León terminaron los sufrimientos de caminar a pie. Había un hotel de tercera clase para los emigrados. Allí nos fuimos todos a pasar una semana.

Por la noche, con un amiguito que nos habíamos hecho —uno de los que nos iban a curiosear al hotel—, me fui a ver si me regalaban unos zapatos viejos. Llamábamos a las puertas y decíamos que éramos revolucionarios, que los zapatos se nos habían roto en el camino y que... ¡por favor!

La gente comprendía la situación, pero decían que todos los zapatos viejos los habían regalado, que había muchos méndigos en el pueblo. Por fin, un señor compadecido me regaló unos, muy grandes, pero me los puse. ¡La cuestión era andar con zapatos!

En la tarde vi que un periódico de la ciudad traía el retrato del pueta Ospina. ¡Cabrón condenado! Se había ido a la redacción del periódico a decir que era un notable genio de nuestro país. Abajo del retrato con melena, le publicaban unos versos... ¡Vea una audacia!

—¡Ojalá que te den de comer! ¡El retrato en el periódico no te quita el hambre, pueta!... —le decían los muchachos.

Al terminar la semana, metidos en segunda clase, nos fuimos, por tren, a Managua. ¡Adiós todas las miserias del camino! ¡Qué sabroso era viajar en tren! ¡Vea usted lo que es la suerte!...

En Managua nos fuimos al hotel Estrella. En la estación nos esperaban otros compatriotas, exilados también por causas políticas. Allí empezamos a vivir como pobres diablos. Bostezar y dormir, eso era todo.

Como andábamos tan mal, salíamos de noche. De noche todos los gatos son pardos. Teníamos que dormir en el suelo; el hotel no tenía camas suficientes. El olor de las camisas que nunca nos quitábamos —porque no había repuesto— no era olor de rosas. Igualmente los pies...

Sin embargo, nuestro buen humor no se acababa. Le decía uno al otro:

—¡Quitate de mi lado, yedés a perro! ¡Uff! ¡Qué tufo! ¡Qué olor!... ¡Uff!... ¡Uff!...

DAME UN ABRAZO Y TENÉ FE EN DIOS

Cardoso cortó la conversación. Se acababa de presentar en la puerta un hombre. Todos se llevaron la mano a los rifles y a los revólveres.

—¿Está aquí el general Cardoso?

—Servidor de usted.

—Por aquí le manda, mi general, el coronel Aguilar, Alejandro Aguilar.

Cardoso abrió la carta y agitadamente leyó en voz alta:

«Pepe:

Estamos aquí, en San Juan, esperándote. También esperamos al general Hernández con doscientos hombres; nos ha ofrecido reunirse en un lugar que le nombran El Comedero. Tenemos escondidos en el campo otros doscientos hombres, bien armados. No nos fue posible llegar a ese lugar. Te esperamos tan pronto como sea posible para participar en la acción.

Alejandro Aguilar".

El general Cardoso volvió a leer el mensaje con nerviosidad.

—Lo único que hay que lamentar es que ataquen la plaza de Santa Clara antes de que nosotros prestemos ayuda —dijo el general Orellana.

El general Cardoso, sin oír nada, llamó:

—¡Telésforo! ¡Telésforo! ¿En dónde está ese indio?

Un individuo vestido de paisano, pero que hacía papel de soldado, se presentó.

—¡Que te ayuden los sirvientes de mi mujer y apersoguen nuestras bestias, que vamos a salir inmediatamente! —dijo Cardoso.

—¡Por Dios, Pepe! ¿Y ese viaje tan inesperado?

—Ya lo ves. Por estar contándoles babosadas hemos perdido un tiempo preciosísimo...

Desde ese momento, todo fue excitación: un sacar de monturas cuyos cueros curtidos producían un sonido de cosa que resbala sobre el suelo. Los frenos y las espuelas sonaban con ruidos cristalinos. Al mismo tiempo, don Secundino, con un lenguaje obsceno, impartía órdenes. Otros salían con las sogas a traer las bestias del potrero. Los coroneles y soldados observaban sus rifles y revólveres como si el combate fuese a empezar.

Todo era agitación y movimiento. Un ir y venir. Solamente la pobre Soledad, sin decir una palabra, preparaba la comida y la ropa del general Cardoso, pero de sus ojos salió una lágrima que rodó lentamente, hasta que por fin se desprendió del rostro y cayó adentro de la tela del vestido, sobre los senos.

Héctor hacía preguntas a la madre.

—Callate, muchacho, he perdido la cabeza y quiero pensar qué cosas le puedo preparar a tu papá para que lleve en la valija.

Las bestias de los revolucionarios fueron encarceladas en los corrales; las amarraron con las sogas y las trajeron a la casa.

Era la una de la tarde y, aunque el almuerzo estaba puesto en la mesa, no hubo tiempo para sentarse a comer.

—Tenemos dos días de viaje —dijo Cardoso—, pero lo vamos a hacer en un día y una noche.

—Llevaré la mula de Soledad —dijo Cardoso—, por si se cansa mi caballo...

Los oficiales y soldados ensillaron sus cabalgaduras.

—Bueno, negra —dijo Cardoso—, dame un abrazo y tené fe en Dios.

Soledad, por toda respuesta, se le guindó del cuello, llorando...

—Papá, papá, dame un abrazo —dijo Héctor.

—¡Claro, hijo! ¿Cómo creés que me voy a ir sin despedirme de ti, hijito de mi alma?

Hubo un silencio. Todos los hombres bajaron los ojos. Después, Orellana se acercó respetuosamente y le dijo a Soledad:

—Señora, tenga fe que a don Pepe le va a ir bien.

—¡Adiós, general! —contestó Soledad sin verle la cara.

Los demás revolucionarios, respetuosamente, se acercaron y le dieron la mano a la querida de su jefe.

Ella contestó entre dientes:

—Coronel Martínez.

—Coronel Trejo.

—Coronel Cabrera.

—Coronel Sosa.

—Coronel Rivas.

—¡Adiós todos, todos! —dijo por fin, levantando la frente.

—¡Adiós! ¡Adiós!

Todos decían «adiós» desde lejos, menos el general Cardoso, que caminaba echado sobre la montura, mustio, con un signo de preocupación en la cara.

—¡Adiós! ¡Adiós! —se oía la voz de Héctor.

—¡Adiós, hijito, adiós!...

Detrás de la pequeña colina se perdió la cabeza del último revolucionario y, poco a poco, el calibre de su rifle.

El sentimiento de los que van a la guerra es tan intenso como el de los que quedan. Pero los primeros sienten una exaltación de verse admirados y de retornar coronados de gloria. Nunca piensan en que acaso no volverán.

Entre los que quedan, el sentimiento es igualmente intenso, pero se debe a la admiración que sienten por los que parten, pues los suponen igualmente conscientes de que quizás no volverán. Aunque parezca paradoja, son más optimistas los que se van que los que se quedan.

Por eso Cardoso sufría, no por él, sino por los sufrimientos que causaba a Soledad, ahora, cuando la acababa de volver a ver después de dos años.

Pepe Cardoso —como le decían sus amigos íntimos—, o el Tunco, como le decían sus enemigos a causa de que le faltaba el dedo pulgar, había conocido a Soledad en su vida de revolucionario.

La mujer le interesó desde el principio. Fue una de esas caras que conocen los militares en las plazas, de la manera como los marinos las conocen en los puertos. Ella le siguió escribiendo, pero él rehusaba contestarle, porque al principio pensaba en Manuel Villafranca.

Por fin, Cardoso se fijó en dos cosas: que Soledad era bonita, y que Héctor era su hijo. Es verdad que Cardoso tenía muchos hijos en todo el país, pero con Héctor haría una excepción.

Por eso, al regresar, dispuso venir directamente a San Nicolás.

Después que los hombres partieron, nuevamente cayó sobre la llanura la angustia del calor y el silencio. En medio del potrero yacía el rancho de Soledad, San Nicolás. El paisaje se ahogaba bajo la canícula tropical. La vida se estancaba. Los árboles imploraban una gota de agua hacia los cielos, pero de arriba caía una oleada de aire caliente y, hasta el confín, ni las ramas ni los animales daban señales de vida.

—¡Don Secundino! ¡Don Secundino! —gritó Soledad, limpiándose las lágrimas y llamando a gritos a su mayordomo.

—¿Qué pasa, señora? —contestó el anciano con un freno de bestia debajo de un brazo, una montura en la otra mano y una soga enrollada.

—¡Venga, venga, don Secundino!

Cuando el hombre llegó cerca, la mujer le comunicó medrosamente y en voz baja:

—Mire. ¿Cree usted que aquella es la escolta de Damián Luna? ¿Cree usted, don Secundino? ¿Cree usted? ¿Los mira bien? Si es Damián, seguramente viene a buscar a Pepe.

—Vea, yo sin anteojos miro menos que un albino. Voy a buscarlos.

—¡Ah, no, don Secundino! Urge saber. Basta con llamar a uno que tenga buenos ojos. Vení vos, Faustino, y vos, Macedonio.

—Vean ustedes. ¡Ojalá que no sea lo que yo pienso! Digan, ¿les parece a ustedes que aquel hombre es Damián Luna con su escolta?

Faustino sacó la cabeza y luego Macedonio. Este último fue el primero en contestar:

—¡Y tan cierto como que hoy es día viernes!

—¿De veras? ¿De veras? —preguntó Soledad, sumamente excitada—. ¡Ay, Dios mío! Mirá vos, Faustino, a ver si tus ojos no te engañan.

—Es cierto, niña Soledad —contestó Faustino—. El hombre del caballo es Damián Luna y los de a pie son soldados. Se les puede ver los rifles y el uniforme.

Hubo un largo silencio. Don Secundino apareció poniéndose los anteojos.

—Déjenme ver.

—¿Y para qué? —le contestó Soledad con cólera—, si ya sabemos quiénes son; ¡es Damián Luna! ¡Hoy nos comen vivos esos asaltantes de caminos!

Efectivamente, se miraba un hombre montado en un caballo, caminando con dirección a la casa. Detrás del hombre venían muchos soldados, cada uno con un rifle. Los hombres se desplegaban en guerrillas por la llanura, como dispuestos a atacar. De vez en cuando la luz del sol aguzaba más su claridad y entonces, a la vez que se recortaban en alto relieve, llenos de sombra los pocos árboles y las dos o tres vacas en el horizonte, también la escolta de Damián Luna se ofrecía con todos sus detalles como si hubiese estado allí, a un paso de distancia.

Era verdad que Damián Luna acostumbraba a atravesar por allí, pero siempre lejos, allá por la cumbre del cerro. La figura de él y la de sus soldados siempre desaparecía detrás del horizonte. Iba —según decían— a visitar a su concubina que vivía allí cerca. Jamás, o si acaso una o dos veces, Damián Luna llegó a San Nicolás. Consecuentemente, aquella visita inesperada intranquilizó a Soledad y a su servidumbre. Damián Luna, actualmente inspector de Santa Clara, era un criminal que obedecía las órdenes del general Reyes.

Soledad, parada en la puerta, con los brazos en jarras, miraba a su izquierda, por donde Damián lentamente se aproximaba, y luego volvía la vista a su derecha, por donde Pepe Cardoso se acababa de ir. En medio de aquellos dos horizontes, Soledad, sobrecogida de ansiedad, encarnaba la inquietud del miedo y la conjetura.

Damián Luna, como de costumbre, se veía con el sombrero echado sobre la frente. Su cuerpo de indio yacía reclinado hacia adelante, y sólo de vez en cuando levantaba los ojos hasta ver la casa de Soledad a la altura del ala del sombrero. Inmediatamente bajaba la mirada, como deseando ver sin ser visto.

La seriedad y el silencio con que se iba arrimando demostraban las intenciones que embargaban su cabeza. Era enemigo personal del general Cardoso. Contaba en su haber seis asesinatos. La vida de Damián Luna había sido un juego de azar...

Cuando Damián llegó cerca de la casa de Soledad, se bajó del caballo y penetró en ella. Estaba completamente ebrio.

Damián Luna llegó a San Nicolás. Consecuentemente, aquella visita inesperada intranquilizó a Soledad y a su servidumbre. Damián Luna, actualmente inspector de Santa Clara, era un criminal que obedecía las órdenes del general Reyes.

Soledad, parada en la puerta, con los brazos en jarras, miraba a su izquierda, por donde Damián lentamente se aproximaba, y luego volvía la vista a su derecha, por donde Pepe Cardoso se acababa de ir. En medio de aquellos dos horizontes, Soledad, sobrecogida de ansiedad, encarnaba la inquietud del miedo y la conjetura.

Damián Luna, como de costumbre, se veía con el sombrero echado sobre la frente. Su cuerpo de indio yacía reclinado hacia adelante, y sólo de vez en cuando levantaba los ojos hasta ver la casa de Soledad a la altura del ala del sombrero. Inmediatamente bajaba la mirada, como deseando ver sin ser visto. La seriedad y el silencio con que se iba arrimando demostraban las intenciones que embargaban su cabeza. Era enemigo personal del general Cardoso. Contaba en su haber seis asesinatos. La vida de Damián Luna había sido un juego de azar...

Cuando Damián llegó cerca de la casa de Soledad, se bajó del caballo y penetró en ella. Estaba completamente ebrio.

—Negra, ¿no tenés al "Tunco" escondido por aquí?

—Mi nombre no es negra ni el de Pepe es "Tunco" —le contestó Soledad.

—No te pongás brava. Ya sé que tu nombre es Soledad, pero el de tu hombre es "Tunco", y ojalá en vez de un dedo le hubieran volado la mano.

—¿Por qué no se la volás vos, a ver si podés?

—Para eso lo ando buscando. Enséñamelo y verás.

—Pues, Pepe no está aquí, y siento en el alma que no esté.

—¿Ah, sí?... Yo vine por dos cosas: por ver tus ojos y porque me llegó la noticia de que andaban unos hombres con rifles.

—Aquí sólo yo vivo, y les ruego que se vayan.

—¡No te pongás brava, negra! ¿Querés que te haga una propuesta?

—¡No necesito propuestas de usted, salteador de caminos!

—¡Oíme, Soledad! ¡Escuchame, negra!

—¿Qué desea, señor?

—Díme, ¿por qué una mujer bonita como vos te metés a vivir con un "Tunco", con un impedido?... Yo no comprendo por qué podés querer a un hombre así. Díme, ¿qué gracia le encontrás a Cardoso? Además, es muy viejo para vos. ¿Por qué no te metés con uno más joven, como yo? ¿No te parece?

—Vea, Damián, ¡sinvergüenza!, si no se va, ya le voy a mandar a decir a Margarita que usted está aquí.

—¿Margarita?... ¡Psch! ¿No sabés que vos me gustás más? Te voy a cuidar las vacas y te voy a hacer todo a gusto. ¿Querés que me venga a vivir con vos? Con el "Tunco" Cardoso no salís de apuros. Él no entiende cosas de hacienda. Además, ¿pa' qué andar con secretos?, te voy a decir toda la verdad: nosotros tenemos orden de tirarlo como venado. En toda la República lo andan buscando y lo van a pescar como dé lugar. ¿No sabés vos que de allá de la capital vienen órdenes de que el "Tunco" quiere hacer la revolución y que por eso hay que agarrarlo vivo o muerto, como dé lugar? Así es que ya te digo, el "Tunco" tiene los días contados.

Y además, ¿para qué quiere una mujer a un hombre que ni siquiera puede vivir tranquilo en su tierra? ¡Que siempre anda juyendo! Vos dirás que yo digo estas cosas porque él tiene un asunto personal con el general Reyes y yo soy amigo del general; pero aunque no fuera por eso, si lo encuentro lo mato porque tengo orden de matarlo. Tengo orden de llevarlo vivo o muerto. Así es que si querés aprovechar conmigo... A Margarita no la quiero ni nunca la he querido. Lo que es por eso, desde ahorita mismo le doy de baja y me vengo a vivir con vos...

Soledad dejó hablar a Damián hasta que se cansó. La pobre mujer, con el corazón atribulado, se devanaba entre el odio, la repulsión y el miedo. Sabía que en ese momento, cerca de la casa, solamente se encontraba don Secundino, Braulia y Héctor.

—¡Negra, cuando me conozcás mejor se te va a acabar el miedo! Vení, Soledad, no me tengás miedo...

Soledad, sin poder controlar su pánico, saltó hacia atrás y, llena de terror, gritó:

—¡Don Secundino!... ¡Don Secundino!... ¡Venga, venga!

—¡No dejen entrar a ese viejo! —ordenó Damián a los soldados que se apostaban en la puerta como centinelas.

Damián persistía:

—¡Negrita de mi corazón! ¿Por qué me tenés miedo?... ¡Vení, cosita!...

—¡Asesino, ladrón, sinvergüenza, salteador de caminos! ¡Espérate que venga Pepe, ya te va a enseñar!

—¡Ajá! ¿Así es que por aquí anda el "Tunco"? Eso es lo que quería saber. ¡Prepárense, muchachos, que vamos a degollar al "Tunco"! Después me llevo ésta por delante. ¡Me la llevo por bien o por la fuerza!

En ese momento, don Secundino, con un revólver en las manos, apareció en la puerta. Detrás del anciano mayordomo venía Héctor, el hijito de Soledad.

La piel oscura de don Secundino, excitada por la temperatura y la indignación, brillaba con fieros resplandores.

Sesenta y dos años, piel oscura, ojos pequeños y brillantes, sonrisa agradable, cabello ralo y canoso, cuerpo endeble y maltratado por el persistente paludismo, traje humilde, de campo. Ese era don Secundino Barrera, el mayordomo.

—¿Qué tal, don Secundino? Perdone que no lo había ido a saludar por estar platicando aquí con la patrona. ¡Ah! se me olvidaba. La Margarita quería saber si le divisó la vaca barrosa con el crío.

—¡¿Qué te has pensado, atontado y ladrón!? ¿Que yo soy el sirviente de tu querida?

—Pero, hombre, eso no es pa' que se enoje. Una pregunta a cualquiera se le puede hacer.

—¡Pues no quiero preguntas de ningún pescuezo de violín como vos!

—No se olvide que soy la autoridad en los alrededores. Y que usted, según tengo entendido, anda metido con el "Tunco".

—¡Tu madre, hijo...!

El anciano no pudo terminar la frase. Un tiro de la carabina de Damián le atravesó el corazón de uno a otro lado. Anduvo, ya herido, un paso hacia adelante, otro hacia atrás, y por fin cayó. En el suelo aún tuvo tiempo para disparar contra Damián, pero el tiro dio arriba, contra el techo.

Soledad y Héctor se lanzaron llorando a gritos sobre el cadáver, pero Damián ordenó:

—Vengan, ustedes dos, lleven este viejo como perro, a tirarlo allá en el llano.

Dos soldados agarraron el cadáver, todavía en las agonías de la muerte, pero Soledad se les abalanzó con el revólver en la mano. Damián corrió y agarró a Soledad por los brazos, y le quitó el revólver. Soledad y Héctor, comprendiendo su impotencia, se pusieron a llorar con un llanto nervioso que se entremezclaba con suspiros.

Por una puerta abierta se podía ver una escena verdaderamente conmovedora y cruel. Un soldado llevaba a don Secundino, asido de la cabeza, con el poco cuidado con que se agarra a un animal muerto. Otro lo llevaba de los pies. El cuerpo del hombre, en forma de arco, se estremecía de vez en cuando y los soldados lo miraban con indiferencia.

¡Aquella escena indignaba, conmovía y producía un pesar profundo! Anduvieron sobre el llano bajo los fuertes rayos del sol, se metieron al bosque, luego se les volvió a ver al salir nuevamente al llano. Finalmente, a la derecha, detrás de unos árboles de pino… y ya no se les volvió a ver más.

Mientras Damián y los soldados contemplaban a los hombres que cargaban con el cadáver de don Secundino, Soledad, llevando en los brazos a Héctor, salió huyendo por la puerta del interior. Luego salió corriendo al llano y gritando con toda la fuerza de sus pulmones:

—¡Faustino! ¡Isidoro! ¡Braulia! ¡Braulia!

—¿Quiere que la alcance? —preguntó un soldado al jefe.

—No —contestó Damián—. Déjela que se vaya. ¡La perra!

Una fogata enorme, una fogata cuyas más altas llamas llegaban a las nubes y se transformaban en lenguas doradas, era lo único que quedaba del rancho de Soledad Villafranca dos horas después.

Alrededor de la humareda, divirtiéndose de su obra destructora, Damián yacía recostado sobre su caballo y los otros soldados reían y volvían a ver a Damián, como diciéndole:

—¡Qué buen humor tiene el jefe!

Cuando los sirvientes volvían del trabajo y contemplaron la casa en ruinas, con los soldados a su alrededor, no quisieron acercarse.

Observaron la obra destructora y se volvieron. La misma Braulia, que regresaba con el cántaro lleno de agua para la cocina, también se asustó y se internó en el bosque, huyendo horrorizada.

Esa noche, Damián, creyendo que el general Cardoso bajaría de su escondite, dispuso dormir cerca de las ruinas de la casa. También envió dos soldados en busca de Soledad. Con la llegada de la noche, mejoró la temperatura. Los soldados, con su conciencia tranquila, sobre la hierba del campo, durmieron apaciblemente.

En El Pajonal, a poca distancia de Santa Clara, se unieron al general Cardoso el general Rosalío Herrera, don José María Reyes, don Pascual Espinoza y Belisario Peña.

—¿Qué noticias me traen de Santa Clara? —les preguntó Cardoso.

—Inmejorables, mi general —le contestó Belisario Peña—. Todo el pueblo sabe allí que usted viene, pero hasta este momento no les ha sido posible reclutar más de doscientos hombres. A nosotros se nos ha tenido en la ciudad por cárcel, pero logramos evadirnos anoche. Nos costó casi la vida porque un retén nos hizo tres disparos. Pero ya ve, aquí nos tiene.

—Buenas noticias —respondió Cardoso.

Y luego se habló largamente de la manera de alejarse de la ciudad para no infundir sospechas.

De todas las aldeas salían hombres a engrosar las filas de Cardoso y sus compañeros. Los que tal actitud tomaban no sabían por qué iban. Lo único que sabían era que en sus corazones había un poco de odio, de aburrimiento y deseo de empeñar las energías en una labor destructora. La revolución era un espectáculo simpático por la vida, el entusiasmo, la matanza y el robo que en ella se ofrecía.

El sudor bañaba el cuerpo de hombres y caballos. De cada caserío sacaban un chane para que les enseñara una ruta oculta que pudieran seguir. Dos soldados iban cortando con un machete el alambre del telégrafo. Una garza solitaria pasó volando muy alto. Uno dijo:

—Por aquí debe haber alguna laguna. Debe haber ande bañarse. ¡Qué calooor!

El que así hablaba lanzó su cigarro al suelo, lo aplastó con el pie y dijo:

—El 910, cuando nos alzamos en El Guascorán con el general Valladares...

Y se engolfó en sus recuerdos.

Más adelante encontraron un hombre montado en una yegua tordilla que iba arreando un novillo con una soga amarrada en los cuernos.

—¿No ha encontrado gente por ahí, amigo?

—No señor, no he encontrado.

—Pues, no diga nada. Vea que no hay enemigo pequeño y nosotros vamos a ser dueños del país dentro de poco.

—No tengan cuidado, yo vivo en el campo y no me meto en política.

Llegaba el suave aroma de los pinos. Las ramas de los árboles más altos se mecían bajo la fuerza del viento y aquello producía un ruido agradable. Se veía mucho ganado vacuno, pero poco ganado caballar.

—De hambre no nos vamos a morir —dijo uno.

—Lo malo —dijo otro— es que ni tiempo pa' matar una vaca le dan a uno cuando anda en revolución.

—Puta suerte —dijo otro—. Y me lo contás a mí, que he pasado días enteros sin comer y con el rifle en el lomo.

La temperatura era insoportable. Se extendían oleadas de fuego que abrazaban con un aire quemante. Incapaces de seguir, se detuvieron en el rancho de Timoteo Rodríguez. Cada uno pidió agua y buscó el mejor lugar para descansar. El coronel Sosa, tumbado en una hamaca, se puso a rasguear la guitarra y a lanzar mueras en contra del Gobierno, al compás de la música.

—¡Qué calor chingado! —dijo el general Orellana—. Hasta las hojas del palo se secan.

En la lejanía, sobre la llanura, se vio un grupo de vacas seguidas por un toro, mugiendo:

—¡Buuu! ¡Buuu! ¡Buff! ¡Buff!

El animal, robusto y hermoso ejemplar, escarbaba la tierra con las patas y la lanzaba hacia atrás. Seguía:

—¡Buuu!... ¡Buuu!

La lengua la echaba hacia afuera y cerraba los ojos al escarbar.

—Vea qué macho —dijo el general Orellana—. Así está el "viejo" con la Presidencia. Así se ponen los gallos mientras mandan... pero deje usted que las cosas cambien.

—Hombre, Timoteo, qué buena milpa tenés. Ya está el maicito en jilote, ¿no? Vea usted, general Orellana.

—Pero Timoteo se va con nosotros. Es un viejo soldado de mi ejército. Esa milpa no la vas a disfrutar, hombre.

—Pos, general, yo me juera con usted, pero la mujer tal vez no me deja... ni el crío que tenemos.

—Llamá a tu mujer, quiero hablar con ella.

Una indita sonriente, carnosa y trigueña llenó con su pequeña figura la puerta del rancho.

—¿Cómo te llamás? —le preguntó Cardoso.

—¿Yo? María del Pilar.

—¿Sabrás quién soy yo?

—¿Cómo no lo vía saber? El general Cardoso. Mi marido me habla siempre de usted... ji, ji, ji, ji.

—Pues, a tu marido me lo llevo. Necesito gente como él.

—Esta vez no se vía a poder, general. Es la única ayuda de la casa.

—Máma —preguntó el hijito de cinco años—, ¿mi pápa no va...? ¿Máma?... ¿máma?

Cardoso se paró y habló seriamente:

—Lo siento mucho, María, pero Timoteo se va con nosotros. La guerra es la guerra y no entiende de consideraciones para nadie. También nosotros abandonamos nuestras mujeres.

—Pero, general...

El general Cardoso sacó diez pesos del bolsillo y le dijo a la mujer:

—Con este dinero pagá un hombre para que te recoja el maíz.

Y luego, dirigiéndose a Timoteo:

—Vamos, amigo, ya veo que tiene caballo, ensíllelo y síganos pronto...

Timoteo se levantó, sacó albarda, freno, espuelas y luego fue a traer el caballo que tenía amarrado en el llano. Cuando volvió con el animal, ya su mujer le tenía preparado un atado de comida y la cobija. Preparó aquel pequeño equipaje y lo colocó detrás de la albarda. El hombre lo hacía todo con expresión satisfecha.

Cuando se llegó el momento de montar, visiblemente confundido, rehusó abrazar o siquiera dar la mano a su mujer y a su hijo en señal de despedida. Simplemente dijo a su mujer:

—Cuidá que el coyote no se coma las gallinas en la noche... Decile a tu tata que se venga a vivir mientras vuelvo.

La mujer, emocionada, le sonrió con ternura, pero el hombre rehusó devolver la mirada, apuñaló el caballo con la espuela y siguió.

Mucho tiempo después se veía que la mujer y el hijito permanecían observando la partida del jefe de la casa. Timoteo, en cambio, conversaba y hacía recuerdos de las guerras en que había tomado parte con el general Cardoso.

Mientras tanto, Cardoso manifestaba al general Orellana:

—Si tomamos la plaza de Santa Clara, vamos a poner de Gobernador a don Joaquín Ramos.

—¿Es militar?

—No, pero es un hombre instruido y vale mucho.

—¿Cómo se llama?

—Don Joaquín Ramos.

A lo lejos, sobre la carretera, se vio pasar unos viajeros. Un burrito llevaba una carga de niños de dos y tres años. Detrás, cubierta por un velo, venía la madre montada en un caballo alazán. Por fin venía el padre montado en una mula prieta. Pasaron sin volver a ver a los revolucionarios.

Súbitamente se oyeron los ladridos de un perro. Apareció una vaca corriendo y un perro detrás, ladrándole a las narices y a la cola del animal.

Apareció nuevamente, sobre la carretera, una tropilla de mulas con cargas de puros y una infinidad de hombres detrás. Algunos de los hombres llevaban plumas de guacamaya prendidas sobre el sombrero.

—Son arrieros —dijo uno—. Vienen de Copán y van a la capital a vender puros.

Los arrieros doblaron hacia un lado del camino y se detuvieron.

—Vea usted —dijo Cardoso—, son las cuatro de la tarde y ya van a hacer noche. Vea, ya están tendiendo los manteados. Apenas cubren seis leguas al día. Y tienen razón, es la única manera de que les aguanten las bestias.

—A estos hombres les va a ir mal —dijo otro.

—¿Por qué?

—Porque la revolución va a estallar antes de que lleguen.

—No —dijo Orellana—, por ese lado hay poco peligro. Nosotros nos vamos a tomar occidente. Villanueva, el sur, y el coronel Ordoñez, el norte.

—¿No le parece, general?

—Por lo menos es lo que hemos convenido —respondió Cardoso—, pero en planes de batalla siempre hay que improvisar de acuerdo con cómo resulten las cosas. El propósito es derribar el Gobierno, y lo haremos como dé lugar.

MEMORIAS DE UN ALMA TÍMIDA

Los amigos de don Joaquín Ramos eran sus libros y las gentes del pueblo. Leer y pasear. Mucho le preocupaba la administración de su país, pero apreciaba su tranquilidad para no ponerla en peligro. Como natural consecuencia de la vida de lectura y comprensión, don Joaquín llegó a ser erudito y muy bueno. Se había encontrado a sí mismo y la alegría que aquello le producía quería trasmitírsela a todo el mundo. Le gustaba analizar los pequeños problemas, pero prefería no confiar a nadie la solución que les daba.

Creía él que porque no se expresaba con suficiente claridad o porque los otros no tuvieran suficiente capacidad para comprenderlo, era preferible que callara sus ideas. Era don Joaquín, por naturaleza, hombre tranquilo, reposado, amigo del silencio y la soledad. Conocía la fuerza y la debilidad de sus compatriotas y por eso era tolerante. Tenía, sin embargo, poca estimación por su apariencia personal: era descuidado en su indumentaria, vagaba a veces en su serena abstracción, con el traje sucio y los zapatos rotos.

Para comprender mejor la interesante personalidad de don Joaquín, habrá que recordar lo que él mismo contaba de su vida. Posiblemente esta personalidad tan franca y tan llana había seducido inconscientemente a todos. Lo demostraban recurriendo a don Joaquín no solamente en busca de opiniones, sino en busca de consejos y para ello le abrían el corazón, le daban la llave para que entrara a recorrer las intimidades. En cuestiones de amor, en las dificultades conyugales e igualmente en cuestiones de otra índole, todo el mundo solicitaba el consejo de don Joaquín. Manuel Villafranca confió a don Joaquín las dificultades de su vida marital. Pero antes de eso, ya Soledad había recurrido a don Joaquín. Igualmente, don Joaquín fue la primera persona que supo que la tempestad se acercaba antes de que se produjera el escándalo entre Fernando y Adelita. Los dos, en distintas ocasiones, habían confiado su situación a don Joaquín.

La psicología de don Joaquín Ramos, tan interesante como la de Manuel Villafranca, aunque diametralmente opuesta, ofreció interés desde su niñez. Mucho del poder que don Joaquín mantenía, se debió al conocimiento de sí mismo.

Hacía interesantes declaraciones a sus alumnos de psicología, cuando enseñaba en la capital, pues don Joaquín era uno de los pedagogos más distinguidos del país.

Los niños tímidos y orgullosos, siempre llevan una tragedia interior. Don Joaquín, al hablar de sí mismo, se decía: «Fui un muchacho excéntrico, le huí a la gente, mi timidez me confundió desde niño. Yo tuve una niñez absurda. Por eso todavía ahora, prefiero estar cerca de don Domingo y oír la charla de doña Chon. Ella cuenta cosas del pueblo que me distraen. Las horas más tranquilas de mi vida, han sido aquellas en que he pasado al lado de don Domingo, el sastre, y de doña Chon, la esposa de don Bernabé Solórzano. Y es que, entre otra clase de gente, mi manera de ser invita a la indiferencia y al desdén de los demás.»

«En mi juventud, las personas que más hirieron mi naturaleza orgullosa fueron las mujeres. Cuando les dirigí la palabra fue siempre con poca gracia: en tales ocasiones siempre tuve que despertar a medianoche y rumiar por mucho tiempo mi pena moral. Yo empecé a conocerme desde que leí la aseveración del doctor Alfredo Adler: "Las primeras sensaciones y visiones del niño trazan el estilo de su vida futura". Mi hermana Eulalia me maltrató mucho cuando los dos éramos niños y acabó por hacerme perder la fe en mí mismo. ¡Ah! esta hermana mía, nunca se dio cuenta del mal que me hizo. Cuánto trabajo me costó tomar control de mi vida. Ella, dos años mayor que yo, me prohibió, me ordenó, me enseñó, me dominó. En la opinión de mi hermana yo no tenía talento, yo no tenía energías. Cerré los ojos y le entregué mi vida. Cuando los volví a abrir, me encontraba a orillas del precipicio: cuánto trabajo me costó volver atrás y guiar con mi propia cabeza mi vida. Ella, en cambio, era la representante de la familia en el hablar, en el opinar y en el actuar. Mis padres respetaban su opinión y yo —contra mi voluntad— tuve que imitarlos. Cuando nos sentábamos a la mesa, ella llevaba la palabra. Mi padre, mi madre y yo, la escuchábamos. En honor de la verdad, fui incapaz para conversar con soltura; lo mismo les sucedía a mis padres. Había que escuchar la palabra fluente y agradable de Eulalia. Secretamente sentía admiración por ella, así aceptaba mi propia derrota. Hay un pasaje que demuestra bien la hostilidad solapada que contra ella mantenía. Una vez, en la escuela, me designaron para que recitara una poesía. Sentí un gozo infinito porque había en mí una extraña inquietud que pugnaba por expresarse. La recitación de una poesía me pareció una excusa para dar salida a mis emociones. Tal como yo esperaba, mi hermana se opuso a que yo recitara. Como de costumbre, apareció autoritaria, dogmática y dominante. Las palabras de ella resbalaron sobre mi alma como gotas de acíbar. Reconocí con profundo dolor el triste concepto que ella tenía de mis capacidades. Pero al mismo tiempo una voz interior me llamaba por mis fueros. Mi madre y mi padre, aunque siempre respetuosos de las opiniones de mi hermana, cedieron ante mi insistencia. Me sentí aquel día lleno de profunda alegría. Creí que un nuevo mundo se revelaba ante mis ojos. Pensé realmente en mi revelación. Me dije: hablaré fuerte, desde la tribuna sorprenderé a mi hermana con mi inesperada elocuencia. Me penetraré del poema y haré míos los versos del poeta. Y desde ese momento —dueño de mí mismo— la humillaré. Me libraré de la férula de mi hermana. Desde ese momento seré yo mismo, habré aparecido desde el fondo de mi propia conciencia para tomar la dirección de mis fueros. Tal como esperaba: recité y triunfé. Aparentemente acabó mi viacrucis, pero las huellas del despotismo de mi hermana estaban ya demasiado hondas y arraigadas para que pudieran borrarse de mi espíritu.

Después, cuando llegué a la sociedad, fui tímido porque creí que harían conmigo lo que mi hermana había hecho. La aseveración del Dr. Adler es absolutamente cierta. Un hermanito o una hermanita mayor en nuestra niñez pueden hacernos torcer el rumbo de nuestra manera de ser. Un hermano que nos domine, que nos controle los actos y los pensamientos, nos puede arruinar para siempre. Nos puede volver cobardes, tímidos, taciturnos. Mi natural timidez no se debe a mi temperamento ni a mi posterior educación ni a falta de roce social. Se debe, exclusivamente, al despotismo que mi hermana Eulalia obró sobre mí en mi niñez»...

Toda la vida de don Joaquín Ramos era un puro monólogo. Tenía la costumbre de salir a pasear solo por las orillas del pueblo.

Caminaba a lo largo de las calles oscuras y a lo lejos escuchaba las notas melodiosas de la flauta de Ildefonso Fonseca. Don Joaquín se ponía entonces a hacer recuerdos de su propia vida. Don Joaquín era un hombre sumamente introspectivo. La flauta de Ildefonso Fonseca lo volvía romántico. De vez en cuando se quedaba en silencio, sufriendo. Sufría porque creía no haber llenado la misión de su existencia. Y sin embargo, en la mayor parte del tiempo pensaba que se había encontrado a sí mismo, y era entonces cuando se sentía fuerte y feliz.

Pero cuando escuchaba la flauta de Ildefonso Fonseca, todo él se buscaba a sí mismo sin encontrarse. Entonces era cuando él se preguntaba con insistencia cuál era la misión de su vida. Nunca se pudo contestar, pero tenía una sospecha de que en la vida de su espíritu, había un pequeño filón de arte, de inspiración que acaso pudo haber explotado con voluntad y mayor dedicación.

Don Joaquín era un hombre alto y flaco, bastante escaso de carnes, canoso. De expresión agradable y de cuerpo ligeramente encorvado. Tenía 48 años y en todo su físico no había un solo rasgo que delatara siquiera una gota de sangre indígena. Sus padres, de origen andaluz, habían muerto en plena juventud. Don Joaquín, el pedagogo, que se negaba a ejercer su profesión por no comprometerse a ningún partido político, enseñaba en la calle o en la tribuna. Al mismo tiempo leía muchos libros, visitaba la sastrería de don Domingo, paseaba con Fernando Rivas o con Carlos Amaya y por la noche, volvía a salir solo, tejiendo con su monólogo la fina tela de su pensamiento. Lejos, en medio del silencio pueblerino, se oía la flauta de Ildefonso Fonseca...

La vida de Santa Clara —hecha para el temperamento de don Joaquín— era también tranquila y reposada. A la derecha se veía La Loma, el pequeño cerrito como un techo sobre la ciudad. Allí iban a pasear las muchachas para que las vieran los novios. ¡Se respiraba un aire tan fresco, se ofrecía un horizonte tan dilatado, se distraía tanto el espíritu contemplando las casitas lejanas en la llanura! Desde allí se veía todo Santa Clara, el río Güaco y las lejanas casuchas de los indios. Se expandían los pulmones para respirar el aire fresco, se alegraba el espíritu frente al horizonte tocando con el cielo azul. Es verdad, el pueblo no era todo lo bueno que se pudiera esperar, pero en cambio la obra de la naturaleza contrarrestaba lo que no hizo el hombre o lo que hizo mal. Había muchos lugares de interés: Santa Rita, El Palomar, el cerro Coquimba, La Loma, el río Güaco, San Nicolás, el Agua Blanca, el Paseo de los Llanos, Villa Tenesica, etc. En la ciudad, don Joaquín Ramos vivía midiendo, comprendiendo la vida por medio de la sensación que las buenas gentes de Santa Clara le producían. Había en la ciudad mucho que era pintoresco: durante el día pasaban mujeres descalzas con un cántaro de agua en la cabeza. Eran sirvientas que así tenían que conducir el agua desde el cercano arroyo, para los quehaceres de la cocina. El correo llegaba de un pueblo a otro a lomo de mula. Por las calles pasaban los niños indígenas vestidos únicamente con un camisón largo y sumamente sucio. Estos niños, se cubrían la cabeza con la mitad o un tercio de sombrero de paja que habían encontrado en la basura o que les habían regalado en la ciudad. Pasaban mujeres indias con una carga de leña de roble sobre las espaldas. Las mujeres traían aquella carga desde muy lejos hasta la ciudad. Para poder conducirla, tenían que traer el cuerpo encorvado, mirando hacia el suelo y sobre la frente una gruesa faja soportando el peso que se recostaba sobre la espalda. Era un verdadero sacrificio por el cual recibían doce centavos.

También vendían «ocote», la leña para el fogón y el «ocote» para el horno. Estas mujeres se acercaban a las puertas de las casas y gritaban:

—¡Leña seca!... ¡A real el tercio!... ¡Leña ca!...

Otras, con una carga de naranjas, gritaban:

—¡Naranjas de Yupure!... ¡A medio la mano!...

Era una diversión de los hombres poner a pelear los gallos, con navajas. Se apostaba dinero a la «pata del gallo» y para ver el desafío había que pagar la entrada. Durante los domingos se bebía aguardiente. En las calles se miraban muchos ebrios prorrumpiendo en obscenidades. Otros caían sin energías, parecían muertos. También había conciertos o «retretas» en el parque central. Allí iba la sociedad a oír música. La banda, compuesta de cinco músicos, estaba formada por el clarinete, pistón, bajo, bombo y platillos. El público, ordenadamente, circulaba por la vereda del parque.

Otra distracción era el baño público. El agua refrescante de la ciudad valía por toda la falta de confort. La iglesia abría sus puertas a los fieles: mujeres blancas e indios. Era costumbre únicamente femenina ir a la iglesia. En invierno llovía despiadadamente. Cuando llegaba la noche, la ciudad sin luz artificial, se llenaba de sombras. Para cuidar las vidas y propiedades, salía de noche la «ronda»: cinco soldados con rifles. El jefe, como un Quijote nocturno, pasaba montando en un flaco caballo. Los forasteros en la ciudad eran: la maestra y maestro de escuela, el juez de letras, el administrador de rentas, el gobernador político, el comandante de armas, etc. Y cuando alguna persona importante se ausentaba o regresaba, había caminatas a caballo, muchas leguas fuera del pueblo. Los periódicos llegaban desde la capital, pero no llamaban la atención del público. En la casa de Ildefonso Fonseca siempre había tertulias de noche. Ildefonso tocaba la flauta y Tomás Salazar o Manolo, el tuerto, lo acompañaban con la guitarra. A don Joaquín le gustaba mucho la flauta melodiosa de Ildefonso. Decía que era un halo de poesía que le llegaba a través de las calles obscuras y fangosas por la lluvia de invierno.

En las oficinas públicas los expedientes, en general, se copiaban a mano. La comida hervía en casa de doña Pancha Rojas. Allí llegaban todos los empleados de las oficinas públicas, a comer. Los hombres no tenían ambiciones. Las muchachas leían novelas. Circulaba la noticia de un baile en casa de doña Lupe Rendón o en casa de las muchachas Ochoa y entonces todos hacían preparativos de ropa. El calor del trópico producía sed.

Cuando en las noches cruzaba uno frente al cuartel, una voz gritona lo detenía:

—¿Quién vive?

Después que uno contestaba, volvía a gritar la voz aguardentosa de un indio (el centinela):

—¡Adelanti, dese a conuser a la puirta de la muraya!...

O PAZ O REVOLUCIÓN

La escena se representaba en el patio de la casa de Soledad. Don Joaquín yacía sentado en una carreta vieja. Sentado en la carreta mecía los pies en el vacío, con los ojos perdidos en el horizonte. Soledad, sentada en una silla, leía los diarios que habían venido de la capital.

—Todos dicen lo mismo —dijo Soledad.

—Ya los leí —dijo don Joaquín—, dicen que la revolución ha sido sofocada... No olvide usted que esos periódicos le pertenecen al gobierno. Es muy difícil saber la verdad, pero la revolución está ganando terreno.

—Por lo que más deseo que gane Pepe —dijo Soledad— es para saber en dónde está mi pobre hijita... Y para que ponga preso y le mande dar una paliza a Damián.

—¡Ah! —respondió don Joaquín—. Olvidaba decirle que anoche volví a visitar a Fernando... Sabrá usted que a Fernando lo veo un poco desmejorado, lo veo pálido. Y está así desde que desapareció Adelita. Hablé largamente con él y me dio a entender, como siempre, que él estuvo y aún está enamorado de Adelita. Que si su padre no se hubiera opuesto... pero, aun así, anoche me decía:

—Vea, don Joaquín, hagamos un viaje juntos y vamos a buscar a Adelita; hace tres noches que no duermo. He sido un imbécil, un animal. No pude ver todos los méritos, todas las virtudes de esa mujer, la madre de nuestro hijito... Condeno todos los convencionalismos sociales. El amor, el verdadero amor es una fuerza mayor que todos los «qué dirán». ¡Qué me importa a mí la posición social que ocupen mis padres! La posición social siempre tiene mucho de hipocresía y de adulteración de la verdad; en el amor, por el contrario, todo es pureza y naturalidad. Tampoco debe ser un obstáculo el hecho de que Soledad sea la querida, como dice la gente, del general Cardoso. Adelita vale por sus propias virtudes y no por los defectos de los demás. Hay veces que el carácter moral de los hijos supera al de los padres, y el de Adelita es un caso auténtico.

—A pesar de la hostilidad de Fernando para mí —respondió Soledad— creo ciegamente que Adelita es oro puro y Fernando difícilmente encontrará otra esposa mejor. El amor, efectivamente, lo salva todo...

—El amor está sobre las barreras de jerarquías sociales y convencionalismos —dijo don Joaquín—, pero desgraciadamente nuestras sociedades tienden a la tradición y al prejuicio y por eso no es posible que lo comprendan.

Esa noche, mientras paseaba por las orillas del pueblo, se dijo don Joaquín:

—Prefiero mi vida de hombre retraído, mi vida oscura. Eso de que es preferible haber amado y perdido que no haber amado nunca... es posible. Y bien, ¿quién dice que yo no he amado nunca?... Lo que pasa es que las mujeres me resultan demasiado frívolas a mi edad y con mis hábitos de orden y de método. Las mujeres son muy movedizas. Los hombres de temperamento retraído y serio no son los más aparentes para enloquecer a una mujer. Bien sé que yo he traicionado a mi talento, pero nunca a mi temperamento. Y en fin de cuentas, el que ha ganado he sido yo, porque el hombre no es esclavo de su razonamiento sino de su temperamento. Es lo que dice el inglés Arnold Bennet. Haciendo a un lado la modestia, creo que doña Chon dice la verdad —aunque su intención sea la de adularme— cuando afirma:

—«Don Joaquín, usted es un hombre que podría brillar mucho en nuestro país... ¡Una cabeza como la suya! Yo por eso le digo a mi hijo: Imita a don Joaquín en lo que puedas, trata de parecerte a él, hombre, aunque no sea más que de lejos...»

—¡Ja! ¡Ja!, me resulta divertido, pero me agrada oír eso. Y es que... quizás en mi interior haya una vocecita que me maldice por no haber ocupado otro

puesto. Por llevar esta vida tan retraída, tan poco útil a la sociedad en general y a mí en particular... Pero, vuelvo a las andadas, creo que con mi manera de vivir hago honor a mi temperamento.

También me gustó aquello que una vez me contó doña Encarnación:

—«Sabrá usted, don Joaquín, que he sentido un gozo tan grande y un orgullo, viendo que su retrato se ha publicado en el periódico. Mi marido fue el que primero lo vio y nos llamó para enseñárnoslo...»

—Es verdad, también a mí me gustó mucho ver mi retrato en el periódico, pero sobre todo, leer lo que de mí se decía: «Un hombre poco conocido, pero de gran talento. En la ciudad de Santa Clara vive este pedagogo eminente. Su modestia sólo es comparable a su intelecto. ¡Ojalá alguno de nuestros presidentes tomara en cuenta a don Joaquín, como fraternalmente se le llama, y se le ofreciera una cartera!»

—Sí, me gusta que se hable de mí, ¿para qué negarlo?, pero no me gustaría servir ninguna cartera. Y es que —hay que reconocer la verdad— soy incapaz para la acción. Soy un hombre contemplativo. Yo estoy bueno para servir de obra de consulta o para dar consejos de viejo, pero no para administrar nada, ni mis propios intereses... Prefiero la sastrería de don Domingo —me da vergüenza reconocerlo— pero allí me encuentro en mi ambiente... ¿Que está malo? Repito: vivo la vida de mi temperamento. ¿Qué le vamos a hacer?

Bajo la luz de la luna, sentados los dos en un banco del parque, Fernando contaba a don Joaquín sus amores con Adelita:

—La quise desde que la conocí; es mi único amor, don Joaquín. Recuerdo muy bien, tenía diez años y ya estaba enamorado de ella. En aquel tiempo ellas vivían con don Manuel, que aún no había muerto, cerca de mi casa. Recuerdo que no podía dormir el día en que me iba a la cama sin haber visto, aunque fuese de lejos, el rostro de Adelita. ¿Y sabe lo que hacía? Me levantaba, me vestía nuevamente y me iba a pasear por la calle. Muchas veces la puerta estaba cerrada y como las calles eran oscuras, tiraba piedras a la puerta para que salieran. Muchas veces salía Soledad o salía la sirvienta, y entonces tiraba más piedras para que saliera Adelita. Después que la veía me iba a mi casa, me acostaba y me dormía tranquilamente.

Después, cuando hacíamos bailes de muchachos y cada uno daba una contribución de quince centavos, mi único deseo era que llegara al baile Adelita para bailar todas las piezas con ella. Era muy tímida y aquello me producía un suave encanto en mi corazón. Pero el amor es una fuerza que empuja y marcha sobre los obstáculos. Se curó de la timidez y se hizo muy bromista conmigo. Recuerdo que tenía una palabra preferida para mí: «terrible». Ella decía «terrible» para todo. Si yo le decía: voy a bailar contigo todas las piezas, ella me contestaba:

—¡Qué terrible!

Si hablábamos de nuestro amor, ella decía:

—¡Es terrible!

—¿Te gustó el clavel que te mandé? —le preguntaba.

—Mucho —contestaba—; encantador... ¡terrible!

—¿Y yo cómo soy? —le preguntaba.

—¡Eres terrible!

Pero esto me lo decía cuando conversábamos solos. En la sociedad era más bien retraída y seria con todo el mundo.

—Me gusta bromear contigo únicamente cuando estamos solos —me decía—. No me gusta que la gente interprete mal nuestras bromas. Esas bromas... ¡terribles!

Otras veces hablábamos más en serio. Se interesaba mucho por mi porvenir. Le gustaba decirme:

—Háblame de tus ambiciones... Eres muy joven y debes tener muchas. Dime todo lo que piensas y no me ocultes nada.

—¡Eres terrible! —le decía.

—Tú estás llamado a grandes cosas —me respondía—. Tu papá te enviará a estudiar al extranjero y cuando vuelvas no me vas a querer...

—No digas eso —le decía—, yo te voy a querer siempre...

—No digas eso; me haces daño —le contestaba.

—¿Qué esperanzas puedo tener contigo? —me decía— ¡Si vieras cuánto sufro cuando pienso en todo!

Algunas veces se ponía a cantar una canción que estaba de moda y que principiaba:

«Amo un imposible y nada espero...»

—No seas tonta —le decía—, yo he nacido para ti y nada podrá impedir que vivamos juntos.

—Fernando —me dijo un día—, quiero que vengas a visitarme a mi casa como todo un caballero.

—No —le contestaba—, tus padres se van a reír de nosotros...

—Al contrario —me respondía—, quiero presentarte a mi mamá y a mi papá.

Me eché a reír. Le dije:

—Si ellos ya me conocen. Me han visto tirando piedras en el parque y muchas veces me han visto las... nalgas por el agujero de los pantalones rotos.

Fue imposible. Ella insistió y un día llegué de visita. Desde muy temprano fui a ver al barbero; antes me había dado un baño. Yo mismo limpié mis zapatos. Durante la visita los dos estuvimos muy serios. A través de la cortina, en el cuarto contiguo, miré que Soledad pasaba de vez en cuando y cuando yo la miraba bajaba la vista... Después entró, me dio la mano, habló poco conmigo y en cuanto encontró un pretexto se fue y no volvió a salir.

En la sastrería se reunían don Domingo, el sastre, doña Encarnación, la esposa de don Bernabé Solórzano, y don Joaquín.

—¿Ya sabe las últimas noticias, don Joaquín?

—No, señora.

—¿Y usted, don Domingo?

—Tampoco, señora.

—Pues, que Cardoso va triunfando. Dicen que tiene la mitad del país en sus manos. Sólo falta que venga aquí. Hay una personita... que debe estar muy contenta.

—Efectivamente —respondió don Joaquín—, pero especialmente porque Cardoso le ayudaría a encontrar a Adelita.

—Para mí —dijo doña Chon— esa niña debe estar escondida en Santa Clara.

—Otra cosa. ¿Saben que doña Lupe y don Fernando están encerrados, sin ver a nadie?

—¿Preocupación de negocios...?

—¿Negocios? ¡Si están más ricos!... Han vendido la «Hacienda Nueve» y han comprado dos casas por ahí, no sé dónde.

—¿Entonces?

—Pues, por vergüenza... el asunto de Fernandito.

—¡Ridiculeces!... ¡ridiculeces! ¿Sabrá usted, doña Encarnación, que este muchacho está mucho más enamorado de lo que a primera vista parece?

—Por Dios, don Joaquín, ¿por qué no hace usted algo? Usted que se ve con don Fernando de igual a igual, ¿por qué no hace usted algo, don Joaquín?

—Verá usted, señora, es lo que pienso hacer. Como usted sabe, Fernandito me respeta; siempre me ha tenido algún cariño.

—¡Claro! ¡Claro! ¿Y quién no le tiene algún cariño a usted, don Joaquín? Si todos los muchachos le tienen respeto y admiración.

—Bueno, bueno; basta de piropos. Déjenme hablar. Pues, como les contaba... oiga usted, don Domingo, es divertido.

—Sí, señor; cuente, cuente nomás que le escucho; corto el ojal y con los oídos le oigo.

—Pues, como les decía, Fernandito, después de todo, es un buen muchacho. Me ha contado su larga pasión por Adelita. La ha querido desde que eran niños, cuando la muchachita le regalaba la mitad del budín que llevaba a la escuela, y esto me lo ha contado con las lágrimas en los ojos.

—Si no fuera por papá —me dijo—, me hubiera casado con Adelita desde hace tiempo. Dice que ha sido una lucha constante entre él contra la madre y el padre. Pero me cuenta muy asustado que quien más se opone es doña Lupe. Dice que apenas se remueve el asunto, la señora se indigna.

—¿Mi hijo casado con la hija de esa mujer? ¡Nunca! ¡Lo prefiere mil veces muerto!

—¡Ay, la Lupe! —comentó doña Encarnación—. ¡Si es el orgullo andando! Usted no sabe, don Joaquín, yo la conozco a fondo y sé de todo lo que es capaz esa mujer...

—¿Y usted piensa hacer algo, don Joaquín?

—Sí, señora.

—¿De veras?

—De veras.

—¿Qué piensa hacer?

—Primero encontrar a la pobre criatura. Mañana, con motivo de la fiesta patria, hablaré en el cabildo en nombre de la Municipalidad y por la tarde me voy con Nando Rivas. Ya tenemos bestias preparadas. Al regreso los caso, porque como dice Pascal, el corazón tiene razones que la razón no entiende...

—Pero es peligroso, en tiempo de revolución. Los van a creer espías.

—No, ya Reyes me facilitó el permiso y me ha ofrecido dos soldados para que nos cuiden.

—¿Y si el enemigo los encuentra?

—¡Pues vea usted las ventajas de no meterse en política! También estoy bien con el enemigo. ¡Scht! ¡Cuidado!, no hay que decir nada. Recibí una carta de Cardoso anoche. Dice que atacarán aquí el jueves. Que él mismo vendrá y quiere que yo me haga cargo de esta plaza. Y que tan pronto como termine la guerra, me va a necesitar para que le sirva de consejero. ¡Ah!, me recomienda a Soledad... Es que en un tiempo fui algo amigo de Soledad y él lo sabe.

—Con lo que prueba que no es celoso —dijo doña Encarnación, guiñándole el ojo a don Domingo—. Por eso yo siempre le digo que lo único que usted ama es la soledad, nada más que la soledad... ¡Ja! ¡ja! ¡ja!, la sole...dad... sole...dad... sole...dad...

Don Joaquín se hizo el desentendido, sacó un pañuelo del bolsillo y se puso a toser.

—¿Y usted le contestó?

—¡Claro! Le digo que no soy militar ni político, para hacerme cargo de esta plaza. Que en cuanto a consejero, le ayudaré en todo aquello en que no intervengan ambiciones mezquinas por motivos de partido. Que si he desempeñado el puesto de director de instituciones de enseñanza, ha sido porque es mi obligación, pero no porque sea amigo del partido en el poder. Que más o menos puedo vivir de mi renta y que mis convicciones, hijas de mi educación y temperamento, han sido siempre las de que «la política, en nuestro país, es una enfermedad que acaba con las mejores energías físicas, morales e intelectuales». Y en relación con el asunto de Soledad, le cuento dilatadamente todo lo que ha pasado: que a la pobre mujer le quemaron el rancho y que el autor, Damián Luna, se ha fugado de la prisión mientras se le seguía el proceso por delito de incendiario. Le cuento el asunto de Adelita y mi propósito de salir con Fernando a buscarla. Finalmente, le doy noticias de lo que a él le interesa más: de Héctor, es el ídolo del padre.

—Usted es muy bueno, don Joaquín. Amigo de todo el mundo.

—Ya verá usted lo que voy a decir en mi discurso. Va a ser un verdadero sermón. Allí voy a exponer mi vieja idea de que hay que educar el corazón del pueblo. Yo siempre he predicado eso y ahora, con motivo de la revolución, volveré sobre el mismo tema. Diré y volveré a decir que lo que nuestro pueblo necesita es lo que Joaquín González predicaba en la Argentina: mansedumbre y tolerancia. Aquí, como allá, como en toda la América Latina hay mucho odio, nos odiamos unos con otros sin motivo. Esta politiquería, estas revoluciones no hacen más que corromper el corazón de nuestra gente. ¡Ah, si en mis manos estuviera corregir a nuestro país! Vea, yo viví algún tiempo en Norteamérica y desde allá miraba a todos estos pueblos y los encontraba tan parecidos como cortados con la misma tijera. ¡Ah, la vida del hogar por acá es muy deficiente y todo estriba en la poca educación moral del niño! En vez de enseñarnos sentimientos de cooperación, solidaridad y amor en nuestros hogares, lo que se nos enseña con el ejemplo es a odiar al prójimo, a criticar, a vituperar, a calumniar... ¡Ah, es doloroso! Y todos nos parecemos, somos maliciosos, demasiado maliciosos si se nos compara con el yanqui. También en la comparación resultamos: nerviosos, inconstantes, desconfiados, engañadores, «engrupidores», irónicos, desordenados, holgazanes, negligentes, etc.

—Don Joaquín, si la revolución triunfa, usted seguramente va a tener que resignarse y ocupar un alto puesto. Es que hacen falta hombres como usted. Además, Cardoso es un gran admirador suyo, don Joaquín. Bien recuerdo cierta vez en que, con su modo vulgar y campechano, se expresó, ¡pero muy bien de usted! Que era —dijo— ¡uno de los mejores talentos del país!

—Gracias, doña Encarnación, gracias por el cariño que le merezco. Pero siendo yo un enemigo acérrimo de esta guerra, como de todas las guerras, no es razonable que de ella me beneficie. Yo podría servirles a estos hombres de consejero. Les aconsejaría que no continuaran haciendo el mal. Pero no acepto un puesto para devengar sueldo, porque entonces me declaro cómplice de sus maniobras, cómplice de sus matanzas. Pero tampoco estoy con el gobierno. Estoy con la patria, y si se me prueba que este gobierno representa la voluntad de todos los hijos del país, entonces estoy con este gobierno. ¿Que este gobierno no representa la voluntad de todos, como se anda diciendo por ahí? Muy bien, entonces tampoco estoy con este gobierno. Pero en ningún caso estaré con ninguno que sea el resultado de la revolución, porque eso no es labor constructiva, sino destructiva. Que destruye la patria, y con la patria siempre estoy, como es el deber de usted, y de usted, y del otro. Joaquín González, hablando de su gran país, decía: «Mitre combatió el caudillismo gaucho, Alberdi habló de la despoblación, Sarmiento atacó el analfabetismo y la ignorancia».

«Es tiempo ya de concluir con el odio». Y eso es lo que yo diría en nuestro país: es tiempo ya de concluir con el odio. Aquí no hay cooperación, no hay solidaridad, no hay amor... simplemente porque ninguna de esas cosas puede convivir con el odio, de la misma manera que la paloma no convive con el gavilán, ni el cordero con el lobo. El odio, en cambio, es campo propicio para la envidia, la hipocresía, la traición, la calumnia, la confabulación sórdida contra toda labor constructiva. Acaso este carácter tan parecido en el mestizo de Hispanoamérica sea mezcla de pasión hispánica y de enconos indígenas, amasados en la barbarie, en la falta de cohesión para la obra común, en el excesivo individualismo. Oigan ustedes cómo andan por allí esas pasiones desencadenadas con motivo de la revolución. Los que no están contra el Gobierno están a favor del Gobierno, y hay que oír el odio sordo de unos a otros. Y sin embargo, todos son hermanos. La mayoría, traidores de sus ideas y de su propia conciencia moral. Pues contra eso estoy yo, contra el odio.

Lo que necesitamos es olvidarnos de la politiquería y solidarizarnos en la obra común, la obra del trabajo. Eso es lo que entendemos y sobre eso versará mi discurso de mañana. A mí no me importa quién sea nuestro presidente, siempre que sea un hombre amado por todos, porque sin amor no hay obra constructiva. De nada sirve que el Presidente sea un gran estadista o un hombre de visión amplia. De nada sirve, solo unificando nuestro ídolo político podemos ir a orar bajo el amparo de la misma secta. Hay que predicar amor, la mansedumbre, la tolerancia; solo así habrá paz. De lo contrario, las revoluciones persistirán».

LOS CINCO MALES DE HONDURAS

En Santa Clara, como en todo el resto del país, toda la población concurría a celebrar el día en que se conmemoraba la independencia patria. Con este fin, la Municipalidad hizo un desembolso para gastos de ornamentación que consistía en banderas, gallardetes, pino, etc. En oportuno bando se había participado al pueblo que todos deberían embellecer la portada de sus casas o sufrir una multa. También la Municipalidad preparó el aguardiente que se distribuiría entre las autoridades e invitados en el Cabildo Municipal. El viejo edificio aparecía con el piso regado de abundante pino que daba agradable olor. Todo el mundo se había levantado con un traje limpio o nuevo. Los niños de escuela ocupaban un lugar importantísimo en la celebración. Todas las muchachitas de la «Escuela de Niñas» estrenaban un uniforme azul y blanco, copiando los colores de la bandera nacional, y los niños de la «Escuela de Varones» usaban uniforme de traje y gorra de color blanco. Los padres habían hecho grandes sacrificios para que sus hijos estrenaran su uniforme. También el día estaba de fiesta con su sol tropical, ni una nube manchaba el azul cielo; por el contrario, había vellones de cirros como grandes pedazos de algodón.

Muchos de los niños habían preparado recitaciones para ser declamadas. Todos cantarían el himno nacional y algunos varones harían «la jura a la bandera».

Don Joaquín, como todas las personas prominentes, se levantó vestido de frac y chistera. La banda iba a tocar durante todo el día. La banda acompañaba, en unión de los aplausos de las personas, el final de cada discurso y cada recitación con una alegre diana. También acompañaría la letra del himno nacional que era cantado por los niños, y durante todo el día se oirían las mejores selecciones de su repertorio. A las cinco de la mañana, cuando la tranquila población aún dormía, la banda despertó a todos con un alegre pasodoble. Todos se sentían felices: los niños porque no habría clases y porque vanidosamente iban a mostrar por la calle sus uniformes... Los grandes porque una fiesta así interrumpía la monótona existencia del pueblo, la sucesión de días iguales y aburridos. Y otros porque iban a tomar una copa a la salud de la patria...

A las diez, antes de dar principio al paseo de la bandera, todo el mundo se congregó en el Cabildo de la Municipalidad. La banda dio principio con otro pasodoble. En el centro se sentaron el Comandante de Armas y Gobernador político, el Alcalde Municipal, el Alcalde del vecino pueblo, dos o tres personas prominentes entre las que se encontraba don Fernando Rivas y, por último, el orador en representación de la Municipalidad, don Joaquín Ramos. El primer punto del programa sería la lectura del Acta de la Independencia, cuyo trabajo estaba a cargo del secretario municipal. Como de costumbre, circuló el programa de festejos. El segundo punto, después de la lectura del acta, correspondía al discurso de don Joaquín Ramos. La gente no gustaba mucho de los discursos de don Joaquín Ramos por lo concienzudos, por lo razonadores, jugosos y sesudos que eran.

El público, típico temperamento latinoamericano, creía que el único objeto del orador era conmover al auditorio. El orador no debía propagar ideas sino emoción; no conceptos, sino juego de palabras. Para ellos, el orador era un malabarista de la palabra, nada importaba que no fuese claro; lo indispensable era la emoción por medio de las palabras bonitas, aunque éstas —como dijimos— no expresaran ideas...

Pero don Joaquín no estaba de acuerdo con las «ideas absurdas con que comulga el público latinoamericano a consecuencia de una equivocada educación», tal llamaba él a cierta oratoria latinoamericana. Don Joaquín creía que el orador, en vez de conmover y emocionar, debería aprovechar su discurso para enseñar, y sobre todo a un auditorio tan necesitado como el de Santa Clara.

Como dijimos, había gastado la mayor parte de su fortuna heredada de su padre, viajando en Inglaterra y Norteamérica. Por eso a él le repugnaba la «palabrería hueca y la hojarasca retórica».

Él decía que el poder y el encanto de la palabra reside en las cosas o sentimientos que con ella expresamos, pero no en la palabra misma, que no tiene por sí sola ningún poder ni encanto.

Otro tema de conversación que don Joaquín tenía siempre en la boca, era lo que él llamaba: «Los cinco males que atañen a nuestro país». Él decía que si los gobiernos, en vez de hacer política, se preocuparan por el diagnóstico que él hacía del país, la situación sería mejor.

—¿Cuáles son esos males, don Joaquín? —le preguntaban.

—Los vivo señalando en todas partes —contestaba—. Nuestros males son: revoluciones, hijos naturales, alcoholismo, analfabetismo e incapacidad para la acción.

Por supuesto, cuando don Joaquín explicaba esto, nadie lo comprendía y el honesto mentor se ponía en ridículo. Pero él, con persistencia, trataba de derramar luz allí donde había ignorancia y prejuicios.

Tal como se esperaba, el largo discurso de don Joaquín, que ante todo fue una conversación, versó sobre la educación moral; aprovechando la coyuntura que la actual revolución le prestaba, habló maldiciendo las guerras y llamándolas: «El mayor descrédito de la América Latina en el exterior».

Al hablar de su poco deseo de impresionar al público con palabras bonitas, como era corriente, dijo:

«Las palabras, si no traducen ideas o sentimientos, de nada sirven, aunque ellas parezcan muy melodiosas a vuestros oídos. Por eso yo me propongo que de mi discurso, más que palabras bonitas, recojáis: "verdad, exactitud, sinceridad, sencillez, sobriedad"».

Luego manifestó que él estaba muy de acuerdo con los conceptos vertidos por un escritor que decía:

«Nuestra mentalidad desenvuelve su acción en un plano de frivolidades verbales en que difícilmente se encuentra un solo punto de contacto con la realidad. A fuerza de ejercitarnos en el arte de la artificiosa elección de las voces, acentos, sonoridad y ritmo para deleite del oído, hemos constituido un mundo de ficciones en que se distrae nuestra vanidad».

Después habló de lo que él llamaba «incapacidad social latinoamericana» en relación con la vida de «mutua cooperación social en Norteamérica».

Nuestras revoluciones —dijo—, esta misma revolución que ahora está asolando hogares, destruyendo hombres, acabando con la propiedad privada y con la vida moral de todos nosotros; esta revolución —repitió— que dentro de poco la tendremos a las puertas de nuestra pequeña ciudad, es, señores, una muestra más del odio que nos tenemos, del afán destructor y de la injusticia social. Cuando una revolución se hace, razón debe existir. No quiero decir aquí que yo deseo justificar a los que matan gente, ni quiero atacar o defender al actual gobierno que tenemos. Lo que yo digo es que alguna causa debe haber, porque la revolución no es más que el efecto. La causa podrá o no podrá tenerla el gobierno. En todo caso, estoy seguro que la tendrán nuestros malos sistemas de educación. Estas, como todas las revoluciones latinoamericanas, se deben a nuestra incapacidad para hacer vida social, y tal incapacidad se debe a que no nos supieron educar en el hogar ni en la escuela. Otros pueblos aman y practican la cooperación, el respeto, la tolerancia, la humildad, la constancia, la alegría y la dicha de vivir. En cambio, nosotros los latinoamericanos practicamos la no-cooperación, el irrespeto al prójimo, la intolerancia, la vanidad, la inconstancia, la haraganería, el pesimismo y lo que nosotros, ridículamente, llamamos «el dolor de vivir». Ellos dicen: «el gozo de vivir», es decir, the joy of living.

Después don Joaquín terminó su disertación, todos lo aplaudieron... porque había terminado...

El segundo discurso correspondía a Ceferino González, el director de «La Escuela de Varones». El discurso de Ceferino, por el contrario, fue elocuente, rimbombante, lleno de ditirambos, rico de adjetivos y pobre de verbos, muchas expresiones bonitas y pocas ideas. Todo el mundo lo aplaudió y hasta hubo quien lo abrazara de entusiasmo y exaltación.

«Henos aquí —dijo Ceferino— cobijados bajo el cielo azul de la patria; henos aquí en esta fecha magna; henos aquí, señores, evocando el recuerdo inmortal de nuestros antepasados ilustres, que pasaron por la vida montados en corceles de fuego, con la lanza en alto, gloriosamente, luchando día y noche para darnos por fin una patria»...

Después, el abogado Presentación Martínez, que no tenía participación en el programa, pero que debido al licor y al discurso de Ceferino se había exaltado mucho, pidió la palabra y dijo:

«Señor Comandante y Gobernador Político, señor Alcalde, señores, dignísimas damas, niños:

Es doloroso pensar que esta fecha magna la celebramos hoy con una pena muy negra en el alma. Don Joaquín Ramos nos dice que no debemos odiarnos los unos a los otros, pero el odio es necesario. Hay que odiar a esos revolucionarios que están asesinando el corazón de la patria. El Gobierno que tenemos es el mejor que hemos tenido en la historia de nuestro país. Es verdad que yo soy un empleado del actual gobierno y muchos pensarán que mis palabras son interesadas, pero esa aseveración sería una falsedad. El Gobierno actual, que aquí lo tenemos representado por el dignísimo Comandante y Gobernador Político, es bueno, honrado y fecundo».

—¡Abajo el Gobierno!... ¡Que viva la revolución! —gritaron afuera. Luego un tiro de rifle, y otro, y otro. Desde ese momento, todo fue una batahola, un mar de cabezas en movimiento, todos buscaban por dónde huir, los niños empezaron a llorar, las madres imploraban la ayuda de los hombres.

Uno de los músicos se paró en una silla y dijo:

—No es nada, no es nada. Son unos borrachos que andan vivando la revolución. No es nada.

Pero inmediatamente se oyeron más tiros y luego otro grito:

—¡Abajo el gobierno corrompido! ¡Que viva el general Cardoso!

El Comandante de Armas y Gobernador Político sacó su revólver y salió seguido por los ayudantes. Tan pronto como su cara se exhibió ante los ojos de los que estaban en la calle, una bala preparada para él vino directamente y le atravesó el hombro. El hombre cayó inmediatamente y aquello fue el «sálvese quien pueda». Veinticinco hombres, casi todos borrachos, hacían fuego contra la guarnición del cuartel central. Como es natural, fueron pocos los tiros porque cinco de ellos cayeron muertos, y los otros, al intentar huir, fueron rodeados por la infinidad de soldados bien armados con sus rifles. Todos, viéndose presos, entregaron sus armas y se sojuzgaron a la autoridad. Cuando el público registró los resultados de la escaramuza, se encontraron que había muerto uno de los músicos; que a don Pancho «Violin», un viejo popular de la ciudad, le habían atravesado un balazo en una pierna, pero como él estaba siempre ebrio, no había sentido. En la carrera, una de las maestras se había dislocado un brazo y cuatro niños aparecían heridos con contusiones y golpes en el cuerpo.

Como es natural, la fiesta dio fin inmediatamente. Esa vez la situación cambió. Ya nadie pudo salir a la calle después de las nueve de la noche. La casa de Soledad Villafranca se rodeó de soldados que se turnaban durante el día y la noche. Se prohibió los corrillos en la calle. Aunque hacía días que se estaba reclutando gente, la tarea de dar alta aumentó. Todos los hombres de la buena sociedad tuvieron que cargar un rifle, un salbeque lleno de municiones e ir a dormir al Cuartel General. La situación se comentaba únicamente por señas y en secreto. Por el pueblo circularon muchas «bolas»: se decía que Cardoso atacaría esa noche, que traía más de seis mil hombres bien armados. Las familias empezaron a cambiar de casa durante la noche, se iban a las casas que ofrecían mayor garantía. Aquellas familias que creían que Cardoso iba a entrar, se fueron a «vivir» a la casa de Soledad Villafranca. Otras, a la casa de aquellas personas más serias y respetables. Los únicos que disfrutaban de la situación eran los niños; ellos podían dormir y jugar durante la noche con los hijos de la familia amiga. La intranquilidad y el miedo se observaban por doquier. A la pobre Soledad Villafranca la mandaron a llamar del Cuartel General para que dijera el lugar en que se encontraba Cardoso. Soledad nada sabía y los oficiales la maltrataron mucho haciéndole preguntas. Cuando comprendieron que no le podían sacar la verdad, porque ella no sabía o porque rehusaba decirla, el mismo Comandante y Gobernador Político la mandó llamar para interrogarla. Soledad llegó al lecho en que se encontraba el Jefe Político, con la herida que le había producido el balazo en una clavícula.

—Vea lo que me han hecho los amigos de su esposo —le dijo.

—Lo siento mucho, general —le contestó Soledad.

—No es cuestión de sentimientos —le dijo—. Lo que yo quiero es que usted nos ayude con hechos, y nadie mejor que usted puede hacerlo. Además, se evitará que mi gente y los partidarios del Gobierno la molesten. En ese caso yo no podría hacer nada en su favor, puesto que ya usted ve, yo también soy una víctima de los amigos de su esposo. Aquí me tiene usted con un balazo que muy bien me pudo haber matado. Si su marido ataca esta noche, o mañana, o pasado mañana, yo no podré ni siquiera dirigir la defensa de la plaza. Soy «hombre al agua» y todo por culpa de su marido.

—Pero ¿qué quiere usted que haga, por Dios, general Reyes? ¿Qué quiere usted que haga si yo no sé nada, absolutamente nada?

—Lo que sepa, señora. Cualquier cosa.

—Por Dios, general. Le juro por la memoria de mi madre que de Pepe no sé nada. Que no me ha escrito, ni sé nada desde que lo vi en San Nicolás.

—¿En San Nicolás, eh? Conque han habido entrevistas.

—¿Entrevistas?... Yo fui a San Nicolás y él llegó, usted comprende que...

—Y antes que usted saliera de aquí, él le mandó a decir que llegaría, ¿no?

—No, general, se lo juro, se lo juro, yo no sabía nada.

—¡Hum! ¡hum!

—Se lo juro, general.

El Jefe Político interrumpió la conversación y ordenó que le llamaran al secretario.

—Traiga pluma y papel —le dijo.

El secretario salió y volvió con lo que se le pedía.

—¡Pero, hombre, no sea usted tímido! ¿Por qué no abre la ventana? ¿Puede usted ver en la oscuridad como los gatos?

Y luego, dirigiéndose a Soledad:

—Señora, yo soy demasiado generoso. En manos de otro, no sé qué sería de usted. Tenga cabeza, señora, ¿no se le ocurre ver la situación en que se encuentra? Usted, la esposa de un bandolero, de un asaltante, de un intranquilizador de la paz pública, de un enemigo del Gobierno y del pueblo. ¿No se le ocurre pensar que la mujer de semejante hombre ya la habrían fusilado si yo no fuera quien soy?

—Señor General —le respondió Soledad conteniendo la emoción y la cólera—, no crea usted que se me ha tratado con demasiada generosidad. Usted sabe muy bien que Damián Luna me incendió mi casa de campo ante mi propia cara. Que yo vine a verlo a usted para que lo castigaran, y después, cuando don Joaquín Ramos se interesó, le dijeron que Damián se había desertado. Eso yo no sé, lo único que sé es que mi casa la quemaron, y que, según dice la gente, a Damián le dieron de baja para no castigarlo. Ahora dicen que Damián anda por allí, que muchos lo han visto. De eso tampoco puedo dar razón, porque no lo he mirado con mis propios ojos.

—No hablemos de eso, es otra historia.

—Es la misma historia, general.

—Señora, yo la trato con respeto por su sexo, pero es bueno que entienda que habla con la autoridad. Es bueno que entienda que soy la autoridad. Y que las órdenes que me vienen de la capital son de que debo entregarles a José Cardoso vivo o muerto, tan pronto como sea posible. Así es que quiero que usted nos haga un relato de lo que sepa, del lugar donde está y lo que él le dijo a usted, en San Nicolás. Vamos, escriba usted, Machadito, escriba con punto y coma todo cuanto la señora nos va a ir diciendo. Haga usted el relato, señora, desde el momento en que usted salió de aquí para San Nicolás y de lo que le dijo Cardoso. Hable con franqueza, señora. Hágalo por su propia vida y la de su hijito...

—Pues yo no tengo ningún secreto que contarle, general. Lo único que puedo decirle es que salí de aquí... porque quizás ya usted sabe lo que le pasó a mi pobre hija, Adelita, con Fernando Rivas.

—Lo sé.

—Muy bien, pues por eso. Tuve un enojo con ella y me fui sin decirle a ella misma para dónde iba. Por supuesto, ella se debe haber imaginado a qué lugar me había ido. Siempre hacía viajes con Héctor a San Nicolás. De Pepe no tenía noticias desde hace unos cinco meses. Sabía lo de la revolución lo mismo que saben todos. Los vecinos llegaban a preguntarme si había algo de cierto. Yo les contaba que yo ignoraba todo, que él no me escribía, como le acabo de decir a usted, desde hacía cinco meses. Le juro, general, que no creí que Pepe anduviera metido en esto. Tan no creí que la revolución estallara, que si lo hubiera creído no me hubiera ido así sola, con Héctor, para San Nicolás. Pues bien, la misma noche que llegamos, a medianoche, según me contó al día siguiente el mayordomo que Damián Luna mató, los perros empezaron a ladrar con insistencia. Eran, según dijo, entre las tres y las cuatro de la mañana. Los perros seguían ladrando y don Secundino les ordenó a los peones que se levantaran. Los hombres salieron a ver lo que pasaba. Dice que uno dijo:

—Es gente que viene. Oigo los cascos de un caballo.

Y otro dijo:

—¡Qué va, un patacho de yeguas viene por ahí!

Don Secundino, que se había levantado envuelto en una manga, gritó a los hombres:

—¡Por ahí viene gente, muchachos! Abran la puerta del cerco y apersoguen los perros. Pueden morder a alguno...

Todos los sirvientes, hasta Braulia, la criada, se habían levantado; solamente mi hijito y yo, como llegamos tan cansados, no oímos nada. Habíamos caído en la cama como piedras. Me contó el finado don Secundino que cuando el ladrido de los perros se acabó, el galope de los caballos se escuchó mejor. Todavía no sabían quién era. Unos creían que era gente que buscaba posada, otros creían que era una escolta. Por fin, cuando ya todos estaban seguros de que era gente con rifles, de pronto se oyó un grito de los que venían:

—¡Arriba, don Secundino! ¡Aquí viene Pepe Cardoso!

—Como usted ve, era la voz de Pepe.

Después, el número de hombres que venían resultó mayor de lo que en un principio se supuso. Los de adelante venían a caballo y el resto a pie. Cada hombre, vestido de paisano, según dijo don Secundino, traía un rifle. Cuando Pepe llegó cerca, dice don Secundino que le dijo a él:

—¡Viejo desatento! ¿Por qué no salió a encontrarnos?

Y luego:

—Dígame, don Secundino, ¿Soledad está aquí?

—Sí; se va a alegrar cuando la vea —dice que le contestó.

Luego Pepe llamó al mayordomo para presentarle los compañeros. Entre todos eran quince. Algunos con el grado de coroneles: Filiberto Martínez, Pancho Trejo, Tiburcio Cabrera, Nicomedes Sosa y Sebastián Rivas.

Todos le estrecharon la mano a don Secundino.

Después, Pepe entró a mi pieza, serían las cinco de la mañana, y la voz de él, llamándome en la oscuridad, me asustó mucho porque le aseguro a usted, general, no esperaba, no tenía la más pequeña sospecha de que Pepe llegaría a medianoche y sobre todo con rifles y hombres...

—¿Cuántos días estuvo? ¿Qué hizo? ¡Cuente todo! —prorrumpió el Jefe Político.

—En San Nicolás estuvieron dos días. Estuvieron tomando tragos y esperando a Alejandro Aguilar para venir a atacar a Santa Clara. Decían que Alejandro llegaría de occidente con doscientos hombres y que con los otros que de aquí saldrían a unírseles, fácilmente se podrían tomar la plaza.

—¿Para dónde se fueron y por qué se fueron?

—Se fueron para San Juan. El viaje fue inesperado; Pepe recibió un papel de Alejandro Aguilar diciéndole que no podría llegar hasta San Nicolás, pero que en un lugar llamado «El Comedero» se juntaran todas las tropas y que de allí vendrían a atacar esta plaza. El viaje lo prepararon en menos de quince minutos. Pepe había estado contándonos recuerdos de su vida de muchacho, cuando él, en unión de otros compañeros, se había ido de inmigrado a Nicaragua. Y eso es lo que yo vi, general. Pepe es muy reservado y de los detalles de la guerra no me quiso contar nada. ¡Dios sabe que si en mí estuviera, Pepe no se metería en revoluciones!

En ese momento el médico se presentó:

—Vengo a ver qué tal sigue el enfermo.

—Sí, sí, Dr. Zamora; un momento, por favor. Señora, debo darle una orden dura, pero necesaria. Esta noche usted y su hijito van a dormir en el cuartel. Yo no hago más que cumplir lo que se me ordena; es orden que me ha llegado del Ministerio de Guerra.

—¡Pero, general Reyes, eso es inaudito! ¡Una mujer!...

—Le repito, a mí se me ordena y yo no hago más que cumplir. Las órdenes son órdenes. Vaya primero a su casa, señora. Allá le mandaremos dos soldados para que le traigan sus cosas; en el cuartel le prepararán una pieza especialmente para usted y el niño. Vaya usted con la señora, Machadito, los dos arreglarán todo. Para que no la vean entrar al cuartel, usted se encarga de acompañarla por la noche...

—Pase adelante, Dr. Zamora; perdone usted que lo haya hecho esperar. Me siento bastante mejor, muy mejorado, doctor. La prueba es que aquí he estado en larga conversación con la señora que acaba de salir. Sí, sí, es la esposa del <Tunco> Cardoso. El hombre que quiere interrumpir la bendita paz de que usted y yo y todos disfrutamos. Pero no lo va a conseguir, no crea usted. Hasta es muy posible que esta vez lo agarremos, que lo agarremos y lo enviemos como encomienda postal a la capital. ¿Qué le parece? ¡Ja! ¡ja! ¡ja! Vamos a ver si lo conseguimos. Ahora mismo le mando un «desideratum», como dicen en el extranjero, le mando decir que a Héctor, su hijito, lo tengo en la cárcel en unión de su madre. Dicen que el muchachito es el ojo derecho de Pepe, así es que verá usted, doctor, verá usted cómo el hombre... ¡afloja!

—¿Al niño no le pasará nada, por supuesto?

—¡Pst!, nada, nada. ¿Qué le va a pasar? Este no es más que un complot para agarrar a Pepe. El Presidente sabe de esto que me propongo y él está de acuerdo.

—¿Y usted sabe, general, en dónde está Cardoso?

—Pues, de cierto no se sabe. Parece que ni la misma Soledad sabe nada. Debe de andar metido en las montañas; él es, indudablemente, el jefe de las fuerzas de occidente. Es todo lo que se sabe, todo lo que se sabe.

El general Reyes era un hombre bajo y grueso, casi cuadrado. Tenía una voz aguardentosa, el cutis trigueño, el bigote poblado y el aspecto de hombre cínico e incrédulo. En la calle caminaba con un grueso bastón; casi siempre con poca firmeza en sus piernas, porque era un gran bebedor de cerveza y coñac. No era valiente, pero sí partidario de la política y gran amigo de disfrutar los privilegios que proporcionan los empleos públicos. Era malo, sanguinario; le gustaba cumplir con su deber, especialmente cuanto más crueles eran las órdenes que recibía. Era un analfabeto que firmaba con dificultad; desempeñaba su puesto con la ayuda de gentes más ilustradas. El mismo secretario, Machadito, era su consejero.

¿HA VISTO USTED A ADELITA?

A lo largo del camino de herradura, tres o cuatro leguas fuera de Santa Clara, caminaban dos hombres, a la par, montados en dos mulas pardas y, al parecer, fuertes. El hombre de edad, don Joaquín Ramos, hablaba, y el hombre joven, Fernando Rivas, escuchaba mientras los dos acémilas monótonamente machacaban la carretera, se espantaban las moscas con la cola y seguían siempre al trote.

—No es cierto que el matrimonio no sea capaz de hacer feliz a un hombre —decía don Joaquín—. Tú y Adelita pueden llegar a ser —y yo me ocuparé de ello— las dos personas más felices de la tierra. Si yo no me casé, esa es cuestión aparte. Tal vez tú que eres tan joven, no me puedas entender. Lo que pasa es que habemos hombres que por temperamento somos rehacios al matrimonio. Estos hombres, dichosamente, somos pocos. Yo también he tenido oportunidades para casarme, la misma Soledad fue mi novia, como tú sabes, pero he razonado a tiempo y he visto, no por mí, sino por la mujer que llegue a ser mi esposa, que no conviene. Yo he sido desde niño un hombre amigo de la soledad, del silencio, de la meditación; soy un hombre introspectivo, quizá egoísta, demasiado egoísta de mis pensamientos y de mi soledad. Tal vez un poco ridículo por mi vida apartada y mi tendencia a vivir solo. Mucha gente opina que yo debí ser cura en vez de pedagogo, en lo cual se equivocan. Soy un gran amigo de observar los problemas sociales y por eso, a pesar de mi timidez, quiero vivir entre la muchedumbre, pero trata de entenderme: desde un puesto de observador. Yo no he nacido para actor sino para observador, aunque en esencia ambos seamos actores. Tú tienes, dichosamente, otro carácter. Tú estás llamado a casarte, a tener hijos, a ser un actor en la vida, y por eso mismo, aunque parezca mentira, serás más feliz que yo. Tú no tendrás las preocupaciones de los demás, como me pasa a mí. Ahora, precisamente, tengo en mi cabeza el problema de las revoluciones. Esta es una situación social que me intranquiliza; no sabes cómo me preocupo por encontrar las causas de nuestras guerras sangrientas, y por descubrir el remedio. No sé si atribuir esto a la ignorancia de nuestra gente, a la injusticia de los hombres que llegan al poder, o al temperamento indomable y bélico del indio y del mestizo que componen el grueso de nuestro pueblo. Pero nunca he sido ni he recomendado el pesimismo. No estoy de acuerdo con Schopenhauer o Hartmann, que sostienen que la verdadera felicidad está en no existir, que el objeto de la humanidad es su propia destrucción para ahuyentar el sufrimiento. No, no creo eso. La vida y la felicidad serán compatibles cuando la humanidad futura haya adelantado más, y lo serán aquí en América, el continente destinado a abrir nuevas rutas y sistemas de vida.

Oye, hay que tener hijos y hay que ser amante del hogar. Y hay que tener hijos sobre todo por ella, por la esposa. Oye, Fernando, te voy a decir una cosa: la mujer, la esposa, no quiere al hombre únicamente por el hombre mismo, lo quiere por los futuros hijos.

La mujer es madre por instinto. La mujer desea, sobre todo, hijos. Todas las niñas puras y jóvenes temen al hombre. Al matrimonio van siempre con una sensación de suplicio. El hombre entiende poco esto. La maternidad es un objeto instintivo en la vida de la mujer. El hombre, en cambio, es un voluptuoso. Pero escucha bien esto: la mujer se venga y se venga implacablemente. Tolstoy dice la verdad cuando afirma por boca de uno de sus personajes: «¿No queréis ver en nosotras más que un objeto sensual? Sea, pues por los sentidos nos apoderamos de vosotros».

Y es la verdad, es lo que hacen las mujeres con nosotros.

El hombre voluptuoso es tan anormal como el fumador, como el morfinómano, como el borracho. Posiblemente —como afirma también Tolstoy— la perfección de la raza se habrá de obtener cuando desaparezca la voluptuosidad. Se podrá objetar que entonces la raza ya no podrá procrearse. No importa, ¿para qué nos vamos a procrear cuando ya la raza ha llenado su propósito, que es, como en todas las cosas, la perfección? Posiblemente también entonces habrá desaparecido la vanidad. La vanidad, como tú sabes, es un aliciente humano. ¿Qué objeto tendrá el vivir cuando ya no exista la vanidad? Ninguno.

Pues, como te decía, la vida de matrimonio puede conducir a la felicidad. Te lo dice un solterón, no te rías, te lo dice, pero es un solterón que ha visto mucho, que ha pensado algo y ha padecido por el dolor de los demás. Yo quiero, verdaderamente lo deseo, hacer un experimento humano contigo y con Adelita. Quiero que los dos vivan en mi casa. Esa casa, como tú ves, es demasiado grande para mí. Necesito compañía y sobre todo compañía de gente joven. Lo mío será de ustedes mientras viva y después que yo muera. Y si no es mucho pedir, es decir, si no resulta ridículo, quisiera que tú y Adelita me llamaran papá... No te rías, esto lo hemos conversado con Soledad y ella está muy de acuerdo, ¿sabes? También lo conversé con don Fernando cuando aplaqué su cólera.

—Yo estoy dispuesto a casarme aunque mi papá no me dé permiso —contestó Fernando—. Y si él se niega a ayudarme, tampoco me preocupo. Adelita es y ha sido siempre mi único amor. Gracias, don Joaquín, por su ofrecimiento, yo me he de ganar la vida de cualquier modo. Lo único que vamos a necesitar de usted es su ayuda moral. Y eso es precisamente lo que más nos hará falta. Usted comprende qué difícil debe ser la vida de los recién casados cuando no tienen al lado suyo una persona como usted, llena de experiencia, de generosidad y de sabiduría...

—Precisamente por eso quiero ayudarte, hombre. Ya comprendo que tú tendrás ciertos recelos. Eso es natural, pero olvídate de todo eso y vente a vivir a mi casa. Es que seguramente tú y Adelita no pensarán en el bien que me van a hacer con su presencia, y sobre todo la presencia de esos hijos. Me siento muy solo, hombre, y es que ya voy para viejo. Quiero tener gente nueva en mi casa. Mis libros y mis pensamientos ya no son suficiente compañía. Necesito gente como ustedes, hombre; quiero que hagan su nido de amor a mi lado. ¿Sabes? yo seré el abuelo. Yo quiero hacer el papel de abuelo. A mis años y con la experiencia que tengo, me quedaría bien ese papel. Además, me falta un cariño aquí adentro; tú no comprendes eso porque estás muy joven, ¿sabes? Esta soledad mía cruje, pero cruje como la rama de un árbol viejo. De uno de esos árboles que ya no dan frutos; de esos árboles, ¿sabes, Fernando?, que se han quedado solos en mitad del llano y que por eso nadie los defiende. Todos los que pasan por allí con un hacha, los hieren, por el gusto de herirlos. ¿Comprendes? Pues, así es mi vida, Fernando; hay un vacío en mi alma y quiero que ustedes lo llenen. ¿Crees tú que yo soy tan feliz como parezco? ¿Crees tú que en el fondo de mi alma hay tanta satisfacción como la que aparenta mi rostro? No, hombre, nada de eso. Yo trato de disimular, eso es todo. Sufro por mí, por ustedes, por lo que pasa en mi país, sufro por todos. Y sufro egoístamente por encontrarme entre gente que no me comprende. Es duro, es terrible vivir entre militares, entre machetones. ¿Comprendes? ¿Qué sutileza de espíritu, qué comprensión de la vida crees tú que pueden tener hombres como Pepe Cardoso o como nuestro Comandante de Armas? Por supuesto que esto no se lo voy a decir a ellos. Sería una imprudencia y una ignorancia mía si lo hiciera. Yo no los puedo culpar porque crean que la solución de nuestros problemas políticos o sociales esté en la fuerza, en la fuerza bruta. ¿Comprendes? ¿Qué culpa pueden tener ellos? Es nuestro sistema de educación, es nuestra manera de ver las cosas. Somos hombres tan inteligentes y tan capaces como los mejores de la tierra, pero nuestra educación, nuestra manera de ver la vida nos incapacita para que lo probemos. ¿Comprendes tú? Pues, todo esto me hace sufrir. Pero no creas que sufro porque me sienta mejor que mis compatriotas. No, sería un absurdo. Precisamente si yo, a pesar de la visión clara que tengo de nuestros problemas, no puedo hacer nada, absolutamente nada, es porque soy incapaz para la acción. Soy un contemplativo, soy un incapaz, eso es todo. Tan incapaz como todos mis compatriotas, por eso nuestro país es lo que es...

Las dos mulas seguían, siempre al trote, y los hombres, absortos en la conversación, se habían olvidado del paisaje, del camino, de todo. Don Joaquín fue el primero que despertó:

—¡Caramba! Hemos andado bastante.

—Siete leguas. Allí tiene usted «Las Crucitas» —respondió Fernando.

—¿Quieres que entremos a ese rancho a tomar un trago? —preguntó don Joaquín—. Que nos den agua, aquí llevo un licor sabroso —dijo, extrayendo de las alforjas una pequeña pacha cristalina.

Una brisa fresca, un sol ardiente, un perfume de pinos sobre los flancos y la cresta de una enorme cordillera. He allí el lugar que se denomina «Las Crucitas». A la derecha se destaca el bellísimo paisaje de pinos sobre los flancos y la cresta de una enorme mole de montañas.

—¡Qué país el nuestro, tan montañoso! —comentó don Joaquín—. Mira tú, qué paisajes, qué pinos más esbeltos. Esas montañas nos están retando, nos invitan, hombre, nos invitan al trabajo, a la energía, a la vida. Me invitan a mí, el contemplativo. ¿Sabes que muchas veces las montañas de nuestro país me han dado en qué pensar? He querido descubrir si la configuración de nuestro suelo es la causa de algunos de los rasgos de nuestro carácter, de nuestra idiosincrasia, de nuestra manera de ser... ¿Sabes? He querido ver si allí está la causa de nuestro carácter impulsivo, bélico y al mismo tiempo exuberante en palabras y poco pródigo en hechos, poco práctico, negligente. En la planicie, en la pampa, el hombre es más práctico. Sin embargo, nuestros sociólogos nada han comprobado sobre esto. Todo es cuestión de suposiciones. En todo caso, se puede afirmar que el hombre del trópico es una víctima del clima tórrido. No es posible que aquí, bajo este espantoso calor que tú y yo estamos sintiendo, se pueda trabajar con el entusiasmo con que trabaja la gente en el Canadá o en Inglaterra. Allá, treinta grados bajo cero, el trabajo es una necesidad. Aquí no hace falta porque la vida es fácil, y por el contrario, el trabajo es un sacrificio cuando el cuerpo se siente flagelado bajo los fuertes rayos del sol tropical.

No sé, realmente, si nosotros somos un producto de la herencia o del ambiente. Aquí volvemos a la vieja controversia: el medio ambiente o la herencia. Pero es indudablemente cierto que esas montañas, esas enormes montañas de nuestro país deben tener alguna influencia sobre nuestro carácter.

—Posiblemente es la causa de nuestra haraganería —comentó Fernando.

—Eso me hace acordarme de que los «gringos» nos llaman «mañana countries», porque, según ellos, todo lo dejamos para mañana. Por supuesto, los norteamericanos entienden que la vida debe ser velocidad, en lo cual se equivocan de plano. La vida no debe ser velocidad, pero tampoco haraganería como la nuestra. Esos que dicen que con la fusión de Norteamérica e Hispanoamérica saldría el hombre perfecto, se equivocan. El hombre perfecto debe tener sólo una pequeña parte de cada uno. Nuestra vida es demasiado pasiva y la de ellos demasiado activa. La perfección debe andar allá por Europa; todavía no hemos superado a Europa. Vivir la vida a la velocidad, como los norteamericanos, también es una equivocación. La vida, para que no indigeste, hay que apurarla por medio de pequeños sorbos. Las experiencias humanas hay que vivirlas, hay que meditarlas, hay que compararlas. Nada de eso se puede hacer cuando se vive a la carrera. Sin embargo, es lo que hacen los norteamericanos.

Los dos hombres ya habían arribado al rancho:

—¿Qué tal, doña Feliciana? ¿Qué hay de nuevo en «Las Crucitas»?

—Ya lo ve, don Joaquín. Aquí pasando la vida.

—¿Y qué dice don Candelario?

—Por ahí, en cama con un paludismo que lo tiene postrado desde hace dos meses.

—Dígame, Feliciana, ¿usted conoce a Adelita, la hija de Soledad Villafranca?

—Pos claro que la conozco. ¿Cómo no la voy a conocer? Por aquí pasó el jueves de mañana.

—¿La vio usted? —terció Fernando.

—Pos claro, niño, ¿cómo no la voy a ver? Allí en esa puerta estuvo sentada, llorando. Le dije que entrara pa' darle una taza de café y pa' que echara un sueño en la cama, todavía era tempranito y hacía un frío. ¡Mi Dios!

—¿Con quién iba? —volvió a terciar Fernando con impaciencia.

—¿Que con quién iba? Con Raimunda, la que le dio de mamar los primeros años. Y también llevaba un sirviente arreando una mula con los baúles de la niña.

—¡Pobre criatura! ¡Pobre criatura! —dijo don Joaquín, cerrando los ojos y bajando la cara con pena.

Hubo un largo silencio que nadie se atrevió a interrumpir. Después, volvió a hablar don Joaquín. El tono de su voz fue grave y cadencioso.

—Feliciana, ¿la muchachita no te dijo para dónde iba?

—Sí, que iba pa' la capital, a vivir en casa de una maestra que tiene allá.

—¿Qué maestra es esa? —preguntó don Joaquín, volviendo a mirar a Fernando.

—Debe ser doña Pancha. ¿No se acuerda usted, don Joaquín, de doña Pancha? ¡Doña Pancha! Aquella maestra que enseñó muchos años en Santa Clara y que quería mucho a Adelita.

—Hombre, sí, aquella vieja que usaba anteojos. Cómo no, sí me acuerdo. Y se me ocurre que la va a tratar bien.

—Claro, si la quería mucho —volvió a decir Fernando—, se la quería llevar. Era la alumna que más quería.

—Muy bien, Fernando, entonces iremos hasta la capital. Largo viaje, cuatro días a lomo de mula.

—No importa, yo no me vuelvo sin verla o sin traerla.

Hubo un prolongado silencio. Por fin, volvió a hablar don Joaquín:

—Así es que iba llorando, ¿no? ¿Y no te dijo por qué lloraba?

—A mí me dijo que había peleado con la madre —respondió Feliciana—. Y que lloraba porque nunca más volvería a Santa Clara, que se iba para siempre.

La mujer suspiró con cierto aire de dolor. Don Joaquín y Fernando bajaron la vista y volvieron a guardar silencio. Por fin volvió a hablar nuevamente don Joaquín:

—Tráenos algo en que servirte un trago de coñac, Feliciana. Quiero que nos acompañes y, oye, nos traes agua de beber también.

—Don Joaquín, me voy a emborrachar.

—Déjate de cuentos. Esto se bebe para comer con hambre, ¿sabes?

La mujer se echó a reír y salió a traer el agua que le pedían. Algunos minutos más tarde, los dos hombres se despedían de Feliciana y salían nuevamente al trote con dirección hacia el saliente. La luz caía de plano. Un pájaro cantaba sobre el techo de la casa y de muy lejos venía el balido de un ternerito.

Bajo de un quemante sol tropical, subiendo y bajando cerros, don Joaquín y Fernando parecían dos puntitos negros sobre sus cabalgaduras. Una sucesión de montañas inaccesibles, con sus picos erguidos y desafiantes, les cerraba el paso hacia todos lados. Cuando lograron descender la escalería de cerros y bajaron al fondo donde corría un riachuelo, se detuvieron a esperar al sirviente que venía dos leguas atrás con la mula de carga. Don Joaquín se agachó sobre el suelo, y deteniendo su cuerpo horizontalmente sobre la corriente del río, inclinó la cabeza y acercó la boca para beber agua. El líquido claro y cristalino humedeció levemente el canoso bigote y la comisura de sus labios.

—¡Qué agua tan fresca! —dijo, extrayendo un pañuelo del bolsillo.

Mientras tanto, Fernando permanecía contemplando las elevadas jibas de las montañas. Frente a sus ojos se extendía un interminable bosque de elevados pinos, de verdes encinas y de macizos robles. Las ventanas de sus narices se dilataban para recoger la brisa campestre.

—Todo nuestro país es un subir y bajar —dijo don Joaquín—. Hay en toda esa serranía abrupta una grandeza bárbara. Nuestro país es bello, es salvaje, inaccesible, reacio a la civilización, satisfecho de su agreste libertad. Esos enormes picos de montaña parecen decirnos:

—Nunca lograréis tomar nuestras crestas con locomotoras. Las vías férreas no escalarán nuestras alturas. Somos libres y salvajes como el aire que nos acaricia, como el ala del cóndor que nos estimula, como el horizonte de tormenta que nos amenaza...

Así es nuestro país, Fernando. Indómito, reacio hacia todos los cánones de civilización, pero por eso mismo libre, con una apariencia primitiva. Y de ese aspecto topográfico, algo hay en el carácter de nuestra gente. Somos un pueblo bravucón, amigo de la independencia, y aunque la civilización nos diga que tenemos un concepto absurdo de la libertad, insistimos en manifestar nuestra manera de ser. Quizás cuando yo me pongo a criticar a Pepe Cardoso, a Reyes y a todos esos generalotes, el equivocado sea yo. Yo que insisto en imponer lo que he visto en el extranjero. ¿No te parece, Fernando? El espíritu de Pepe Cardoso es nuestro; el mío es trasplantado. Probablemente aquí nada ha tenido tanta fuerza como el amor de libertad que tuvo Lempira. Ese deseo de independencia ha renacido como el ave fénix, aun más vigoroso de entre sus propias cenizas. Y en cambio, al margen de tanta grandeza y belleza natural, nuestra nostalgia por la civilización extranjera resulta trágica como el hambre de Tántalo. Hombre, ya ves que me contradigo. Lo que pasa es que anhelo lo mejor, pero no sé si la civilización moderna, después de todo, sea un bien. En ese territorio norteamericano, de océano a océano, acribillado con vías férreas, el artista suspira por nuestra rústica libertad. Cardoso es un producto de nuestro medio. Es el hombre que representa una modalidad nuestra. Yo no defiendo su conducta, trato únicamente de entender el carácter de nuestro pueblo a través de la persona de Cardoso. Trato de justificarlo ante mis propios ojos y verlo frente a frente, sin prejuicio...

Pero tampoco es Cardoso el verdadero habitante de nuestro país. El hombre de nuestra tierra es aquel que viene allá. ¡Míralo!...

Bajando, al trote, sobre un laberinto de serranías, se veía una larga hilera de indios, indias e inditos. Cada uno, aun los más chicos, traía un pesado tercio de naranjas, otros de canastos y algunos de objetos de alfarería que ellos mismos habían fabricado. La carga que llevaban los inditos, niños de 10 años algunos, estaba en relación con su tamaño y aquella nota de inocencia y gracia infantil era lo que más llamaba la atención. Todos, unos detrás de los otros, venían bajando sin ninguna dificultad. Don Joaquín y Fernando se quedaron sorprendidos ante la facilidad de aquella gente para bajar sobre aquel desfiladero desde el cual, equivocando una sola vez el paso, se podía caer irremediablemente al abismo.

Todos vestían con harapos, su cutis trigueño y vaciado en facciones orientales, particularmente de chinos. La gravedad y profunda tristeza de sus ojos era lo que más llamaba la atención.

—Ese es el verdadero habitante de nuestra tierra —dijo don Joaquín a Fernando—. Tú y yo, que tenemos sangre europea, somos los intrusos. Por eso quizás nosotros no podemos bajar esas serranías con la agilidad de ellos. Ellos, compañeros de los Mayas, de los Aztecas, de los Incas, ellos son muy viejos de vivir en estas tierras. Y sin embargo, ¡qué pobres son! Se visten con harapos mientras nosotros nos vestimos a la europea. Por eso se les ve tan tristes y taciturnos. Andan leguas y leguas y entre ellos mismos no se cruzan una palabra. Nosotros los hemos despojado de su riqueza y ahora son inmensamente pobres. La tierra y sus frutos nos pertenecen a nosotros. Los animales, los ríos y minerales nos pertenecen a todos. Ellos son parias en su propio país. Fíjate, Fernando, lo que ellos van a vender: naranjas, canastos y objetos de alfarería que ellos han fabricado. Pero para vender eso, cuyo valor es una completa bagatela, tienen que ir hasta San Miguel, a la feria de San Miguel en la República del Salvador. Tienen que andar muchos días, bajo un sol de fuego, vestidos con harapos y alimentándose con las mismas naranjas que llevan, o si acaso, sal y tortilla de maíz...

Perdóname, Fernando, te aburro mucho con estas divagaciones. Cambiemos de conversación, siéntate en esa piedra y hablemos de Adelita.

—El tema es magnífico, don Joaquín, pero ya no tengo más que decirle de ella. Excepto que me desespero por verla.

—¿Crees tú que está enojada contigo?

—La última vez que la vi, rompimos definitivamente. Ella no conoce el carácter de mi padre y me acusa de debilidad y hasta de timidez. También me atribuye egoísmo y frialdad; no se da cuenta de lo que me cuesta su cariño. La última vez que la vi, como le dije, ella se excitó. Conozco suficientemente la vida para saber que es absurdo responderle a una mujer airada. La escuché en silencio. Cuando fui a agarrarla entre mis brazos para despedirme, la sentí temblar junto a mi pecho como un azogue. No pude contener las lágrimas en mis ojos. Yo sabía que la volvería a ver, pero ella creyó que era la última vez.

—No es posible que me olvide del papel que has desempeñado en mi vida —me dijo, agarrada fuertemente de mi brazo.

Después le dije que habláramos de nuestro hijito, del fruto de nuestro amor clandestino. Ella, en vez de responderme, huyó de mí y escondió la cabeza entre las manos, llorando como un niño. Recuerdo muy bien que cuando logré tenerla otra vez cerca, le hablé en voz baja, aunque no estoy seguro si escuchó mis palabras. Le dije:

—Óyeme, te voy a decir lo que pienso de nuestro amor: los hijos naturales o legítimos tienen igual procedencia y se quieren por eso lo mismo. Además, tú eres mi novia y serás mi esposa.

¿No te avergüenzas de ser la madre de mis hijos? ¿Verdad?

Le hablé largamente de mis proyectos, de la esperanza que tenía de convencer a mis padres y especialmente a mi madre.

—Adela —le dije—, yo nunca quise a otra mujer ni tú has querido a otro hombre. ¿Por qué no hemos de ser felices?

Le hablé después de usted, don Joaquín. Le dije que usted era un gran amigo de los dos y que si nuestros padres nos abandonaban, usted nos acogería o, por lo menos, nos daría su protección moral. Ella no pronunció ni una palabra, pero su corazón golpeó sobre mi pecho y, cuando le besé la frente para despedirme, la palidez de su rostro me hizo daño. Quise volver a su casa, pero Soledad me lo prohibió.

Ahora hay en mi pecho una riña espantosa de sentimientos. Siento amor, arrepentimiento, inquietud, desesperación, miedo de que me olvide, deseo de tenerla, pena moral y, sobre todo, un profundo y humano cariño de esposo y de padre que empieza a nacer en el fondo de mi ser.

En ese momento apareció Bonifacio cabresteando la mula de carga.

—Patrón, me han dejado atrás.

—Sí, hombre, ya hace rato que te esperamos. ¿Qué tal viene esa bestia? ¿No le pesa mucho la carga?

—Viene bien, patrón, con la ayuda de Dios.

—¡Pobre animal! Me parece que la carga es muy grande y el terreno tan quebrado...

—Patrón, ¿no se encontraron con un hombre que iba allá, bajando la cuesta, al otro lado de «Los Manzananes»?

—Sí, uno que llevaba un rifle —respondió Fernando.

—Ese, uno algo canoso. Me preguntó por ustedes, qué gente eran y para dónde iban. Después me dijo que él viene de la capital y que la revolución ha estallado en toda la República. Dice que es peligroso viajar y que seguramente nos va a detener una «fuerza» del Gobierno o del enemigo. Dice que la cosa se está poniendo fea allá en la capital. Que están reclutando gente para darles de alta y que están poniendo presos a los enemigos del Gobierno.

—¿Y tu patrón a qué partido pertenece? —me preguntó. Yo le dije:

—A ninguno que yo sepa. Y él me dijo:

—Tu patrón debe ser un desteñido que ni es rojo ni azul. O debe ser un «me arrebeato», que siempre está con el sol que alumbra...

—¿Y qué le dijiste?

—Yo le dije: «Desteñido serás vos, los que van a matar la vaca del pobre o a comerse la milpa para servir al rico». Dice que por aquí cerca, en la montaña de Tutule, pelearon hace tres noches. Que él mismo peleó y que derrotaron al enemigo. Dice que él pertenece al Gobierno y que va a occidente con una comisión importante. Que el Gobierno está bien «amurallado» y que no hay peligro de que caiga.

—Ssscht —dijo don Joaquín, y señaló con los ojos.

Damián Luna, montado en una mula tordilla, con un rifle cruzado sobre la montura y sin volver a mirar, porque el sombrero de anchas alas se lo impedía, pasó por el desfiladero de montañas y se perdió detrás de una colina sobre el camino.

—Ese también es de nuestro país —dijo don Joaquín—, el bandido que se disfraza con uniforme de soldado...

EL PLACER DEL ARTE

En la sastrería de la esquina, como de costumbre, el cenáculo compuesto por don Domingo y doña Chon, estaba reunido. Faltaba un miembro: ese era don Joaquín. Súbitamente tocaron la puerta de la calle. Don Domingo preguntó:

—¿Quién?

La puerta se abrió y apareció Carlos Amaya.

—¿Qué dice Carlos?

—Nada, vengo de la casa de don Joaquín, he estado golpeando la puerta y no me contestaban.

Creí que don Domingo...

—No, no está aquí. Se fue con Fernando. ¿No sabía usted?

—¿Con Fernando Rivas?

—Sí.

—¿A... a buscar a Adelita?

—Sí.

Carlos Amaya era el maestro de escuela. Alto, delgado, sanguíneo, con gafas porque era miope, Carlos era generoso, un amigote de todo el mundo. Hacía doce años que servía la escuela del pueblo, pues los padres aseguraban que, de lo contrario, no enviarían sus hijos a educarse.

La amistad de Carlos con don Joaquín se debía —¡es tan difícil imaginarlo!— a que Carlos escribía versos y don Joaquín era un natural crítico. Carlos había escrito versos desde muy niño y, sin embargo, fuera de don Joaquín, nadie en Santa Clara supo tal peculiaridad... Don Joaquín tenía magníficas obras de literatura en su biblioteca, pero gustaba leer los versos de Carlos y hasta le aconsejaba que los enviara a un periódico de la capital, que los versos tenían real mérito. Carlos era tan modesto y daba tan poca importancia a su labor intelectual, que se negó. Una vez don Joaquín se los envió a un literato amigo suyo; éste manifestó que los versos acusaban un exquisito temperamento de poeta. En los versos, Carlos trataba de expresar su personalidad sensitiva y delicada. Hablaba en ellos de su manera de ser y de la impresión que el espectáculo del mundo le producía. También acusaba cierta originalidad, una nota muy personal y por eso mismo impresionante. Don Joaquín tenía un temperamento reconcentrado, triste, sensible ante la belleza de las cosas. Cuando llegaban fuera de la ciudad, se detenían cerca de un riachuelo y don Joaquín incitaba a Carlos en la conversación para que hablara sobre imágenes, sobre sensaciones, sobre estados de alma. Carlos hablaba en voz baja, con sinceridad, y don Joaquín lo escuchaba.

—No estoy contento —decía Carlos—. Lo que me propongo no lo puedo expresar. Quizás me falta cultura, sin embargo tengo la esperanza de que algún día podré dar esa nota que yo siento en mi interior cuando vago por las calles del pueblo. A veces me dan deseos de pasarme una semana sin hablarle a nadie, tal vez a fuerza de monólogos pudiera expresar —clara y armoniosamente— ese acento que yo adivino en mí. Yo descubro belleza en todo lo que encuentro, pero ese sentimiento lo quiero expresar a mi modo.

Don Joaquín le respondía:

—El arte de escribir, y en particular la novela, se ha dicho que es la visión de la naturaleza a través de un temperamento. Yo comprendo lo que a ti te pasa.

Carlos, lo mismo que don Joaquín, era soltero y, lo mismo que éste, era un hombre solitario.

Carlos siguió hablando:

—Me siento viejo, don Joaquín. Soy joven, pero mi espíritu es muy viejo, muy viejo.

—Hombre, a mí me pasa eso —contestó don Joaquín—. Desde los veinte empecé a envejecer. ¿Y sabés la causa? Probablemente nosotros nacimos ya con un espíritu gastado. Antes de que tú y yo naciéramos, nuestros espíritus existían en la tierra. Existieron en otros hombres...

Tú y yo somos muy viejos, quizás tú seas más viejo que yo...

Carlos se echó a reír y don Joaquín quedó en silencio.

—¿Sabes, Carlos, sabes lo que yo he querido algunas veces? Irme de mí mismo. He tenido la sensación de que estoy preso, sin libertad. La vida es así, uno no sabe lo que desea. Los días pasan y el deseo persiste. ¿Sabes, Carlos, qué es lo que tú y yo y todos los hombres necesitamos, sabes? Necesitamos que nos amen. Todos en este mundo buscamos amor. Por la falta de amor es por lo que todos sufrimos. Queremos que nos amen y, amándonos, podamos satisfacer nuestras vanidades y nuestros caprichos. Amor, eso es lo que tú y yo y todos necesitamos. Hay mucho egoísmo en el mundo...

Después de un rato de silencio, don Joaquín volvió a hablar:

—Nos parecemos un poco, Carlos. Cuando leo tus versos, me descubro a mí mismo. Por eso alabo tu talento, no creas que lo hago por adularte. No, hombre, es que tus pensamientos y tus estados de alma me impresionan tanto que me parece que lo que tú escribes, yo lo he escrito. ¿Sabes? hace unas noches, solo en mi casa, como de costumbre, se me vinieron a mi memoria ciertos conceptos que tú me has manifestado en la intimidad. Y me dije: «Carlos tiene un temperamento muy parecido al mío, pero él puede expresarlo por medio de palabras y yo no».

—Ese es un cumplimiento demasiado honroso para mí, don Joaquín.

—Pero mayor es el tributo que recibo cuando leo en tus escritos o escucho en tus palabras, ya hecha carne, una abstracción que en mi vida es algo muy íntimo, pero por eso mismo muy vago e intangible.

Nos parecemos mucho, Carlos. Cuando tú me dices que a ti te gustan los niños o que te gusta la simplicidad y la sencillez en la vida, yo me veo por dentro.

—¿Por qué no escribe usted, don Joaquín? Esta pregunta se la hago todos los días.

—No escribo porque no basta sentir hondo para ser escritor. Hace poco leía en un manual de un notable ensayista inglés, George Henry Lewes, que hay tres principios indispensables para poder escribir bien: el principio de la visión, el principio de la belleza y el principio de la sinceridad. Pensaba yo en los escritores modernos de nuestra lengua y encontraba que, sobre todo, este último principio les hace falta. Nuestros escritores no escriben con sinceridad. Pero lo lamentable es que ellos están conscientes de su insinceridad. Creen ellos con toda fe que la obra del escritor es trabajo de artificio. Creen que a quien deben satisfacer es al oído y se pasan meses haciendo rosarios de palabras sonoras, pero sin expresar ideas o sentimientos humanos. Esto equivale a la muchacha que se pinta la cara para aparentar una cosa que no es. Toda obra de arte debe ser sincera o, de lo contrario, no es obra de arte.

Yo creo lo que practican los ingleses, es decir, que el arte debe ser una prolongación de la vida. El novelista, el cuentista o el dramaturgo, me parece que deben escribir como viven. Deben escribir acerca de aquello que han visto, que han sentido, y sólo así nos podrán dar una sensación de la verdad y nos podrán hacer sentir. De lo contrario, el escritor camina por un sendero que no lo hará popular, que no le conquistará simpatías, y sobre todo, que su obra, trabajada de este modo, no podrá ser perdurable. Solamente lo que es real tiene éxito en la vida; todo lo que es afectación no gusta. Esto se puede comparar a la vieja máxima de que la honradez es la mejor política. La sinceridad en arte tiene su razón de ser: un hombre debe tener fe en sí mismo para convencer a los demás. Y el hombre que no escribe con sinceridad, no puede tener fe en su arte, puesto que ese arte no es la expresión de su propio ser. Es decir, este hombre trata de expresar, no una personalidad, sino una manera, y por consiguiente, algo superficial. En cambio, el escritor que se expresa a sí mismo trabaja sobre un material indestructible, asienta sus opiniones y conceptos en una plataforma real.

Pero la mayoría no lo hacen así; son escritores de segunda mano porque, en vez de expresar sus propios sentimientos y sus propias ideas, echan llave a su interior y se dedican a imitar a algún escritor de moda. Puede ser que consigan copiar su vocabulario y hasta giros de dicción, pero nunca su estilo, porque el estilo es el hombre, es el temperamento, es lo inimitable...

En todo arte escrito con sinceridad hay fuerza. Tal vez no sea algo ingenioso, algo «clever», algo brillante, pero es siempre algo vívido y que nos convence. Si el escritor nos habla de algo que sus ojos han visto, de algo que su cerebro ha pensado, de algo que su corazón ha sentido, tal escritor mantendrá un poder sobre nosotros. Pero si ese mismo escritor nos describe imaginariamente lo que sus ojos no han visto, lo que jamás ha meditado, lo que jamás ha conmovido su corazón, esa voz nos parecerá frívola, afectada y por consiguiente repulsiva. Los escritores jóvenes, convencidos de que no tienen muchas experiencias, creen que por eso hay que relatar las experiencias que no han vivido y especialmente aquellas relatadas por escritores famosos. Está muy bien dicho aquello de Goethe: «Hay muy pocas voces y muchos ecos». Yo creo que aquí en Hispanoamérica la mayoría de los escritores tratan de producir ciertos efectos, pero nunca de expresar su propia personalidad. Casi todos nuestros escritores son simples trabajadores del lenguaje, representadores de imágenes ingeniosas, pero nunca asiduos cultivadores de su personalidad íntima.

Por eso Hispanoamérica no ha producido un escritor universal. Entre nosotros hay mucha simulación, que pervierte el verdadero talento. Nuestra tendencia en aparecer eruditos no es un mérito auténtico, porque la erudición no es un fin sino un medio, y cuando no aprovechamos este medio para conquistar el fin, la erudición de nada sirve. El otro principio, el de la belleza, también es necesario; pero la belleza sin la sinceridad no es posible. La belleza y la afectación son tan incompatibles como el agua con el fuego. La belleza implica naturalidad, sencillez, simplicidad, etc. El otro, el de la visión, implica imaginación, y eso es lo que a mí me hace falta. El artista debe ver con claridad lo que ha de representar. Yo siento el arte, aprecio la música, la pintura, las bellas letras, pero no soy un creador porque no tengo una imaginación creadora. Y esa es mi contestación a tu pregunta: no escribo porque no tengo imaginación.

Carlos escuchó en silencio. Sin tener la cultura de don Joaquín, su espontáneo espíritu de artista le decía que aquello debía ser así y no de otro modo.

Bajo la tarde que se moría entre el silencio de los árboles, don Joaquín y Carlos regresaban a lo largo de la carretera con los sombreros en la mano y el cabello volando al viento. Aquel era un paseo que don Joaquín y Carlos realizaban muy a menudo. Otras veces, don Joaquín hacía el viaje solo y, al regresar, entraba, como de costumbre, a la sastrería de don Domingo. Desde el día del escándalo entre Fernando y Adelita, don Joaquín prefirió salir únicamente con Fernando para convencerlo de que su deber era casarse con ella.

¿CUÁNDO TERMINARÁN LAS REVOLUCIONES?

En la sastrería, cuando don Joaquín no estaba, doña Encarnación y don Domingo, el sastre, departían.

Doña Chon hablaba de sus antepasados. Tenía siempre este tema en la boca y don Domingo la escuchaba en silencio:

—Vea, don Domingo, cuando Bernabé era mi novio, mi familia no lo quería. ¡Pero, qué lo iba a querer, si nosotros somos de lo mejor, de lo mejor en el país! Vea, mi abuelo llegó a ser ministro. ¿Usted no oyó hablar alguna vez del Dr. Ramón Umaña? Pues, don Ramón Umaña fue el padre de mi madre. Y por el lado de mi padre también, es de lo mejor, de lo mejor en el país. Mis antepasados siempre han ocupado puestos importantes. La familia de mi padre y la familia de mi madre fue siempre de lo más florido en la sociedad. No es porque sea mi familia, no señor, es que hay que mostrar que uno no es plebeyo. ¿No le parece?

A veces, sonaba con insistencia el nombre de algún político o algún personaje de la buena sociedad capitalina, doña Chon corría a visitar a don Domingo.

—Son gente de mi familia —decía—. Son de mi familia por parte de mi madre. Somos parientes —afirmaba.

Si se trataba de algún ministro, ella estaba lista a explicar:

—Vea, el padre del padre de este señor fue primo hermano de mi padre. ¿Sabe cómo se llamaba? Francisco, y le decían don Paco. Llegaba mucho a la casa de mi familia y se quedaba a comer, según contaba mi papá, porque tenía mucha confianza.

Por esos días llegó la noticia de que el candidato que proponían los revolucionarios para la presidencia era el Dr. don Octavio Henríquez.

Doña Chon fue a ver a don Domingo:

—¿Ya sabe la buena nueva, don Domingo? Pues, que don Octavio, el candidato, es de mi familia. Ya le dije a Bernabé que vamos a estar bien. ¿No le parece?

Trataba de probar que el Doctor Henríquez era su pariente y al final decía:

—Nosotros somos de lo mejor del país, don Domingo. Mis abuelos vinieron de España. Nosotros no tenemos sangre de indios, ¡ni quiera Dios!

A veces la pobre señora se contradecía al hacer la descripción de su árbol genealógico, pero con su fértil imaginación, pronto hallaba favorable salida. Don Domingo la escuchó siempre con respeto.

—¿Qué sabe de la revolución? —preguntaba don Domingo, cuando le cansaba la egolatría de la señora.

—¡Ah!, pues ya usted ve, la intranquilidad persiste y de verdad no se sabe nada. Lo único que se escucha en la calle son rumores, rumores y rumores. Ayer decían que ya Cardoso estaba en la costa norte y que los otros revolucionarios se habían tomado todo el sur. Pero el general Reyes asegura que el gobierno ha sofocado la revolución. ¡Vaya usted a saber, don Domingo! Unos dicen una cosa y los otros dicen otra. Lo único que sabemos es que la guerra trae el hambre, trae la miseria. ¡Ay, señor mío, Jesucristo! ¡Dios sabe en qué va a parar todo esto! Ayer entró gente, ¿no supo usted? Entraron doscientos hombres bien armados, que vienen a resguardar esta plaza. Yo andaba visitando cuando vi el ejército que venía. La caballería adelante y la infantería atrás. Vienen a resguardar la plaza y así andan diciendo que la revolución ha terminado. ¡Para mí que la cosa está hoy peor que nunca! ¿No oyó usted el bando de ayer? Pues que nadie debe salir de su casa después de las nueve de la noche. ¿Qué me dice? ¡Además, si uno dice algo lo meten en la cárcel! Dicen que tienen muchos presos por haber hablado contra el gobierno. No hay que criticar, ni decir nada, porque lo meten a la cárcel. ¡Dios mío! Este presidente que tenemos es un completo dictador. ¡Es una cosa que no se puede creer, Dios mío! ¡Ah! ¿Y qué me dice usted de lo de don Joaquín y Fernandito? Nada se ha vuelto a saber. Ayer estuve a ver a esa gente, a la orgullosa Lupe Rivas. Ellos no saben nada, absolutamente; creen que los han puesto presos.

—Pero no se sabe si ha sido el gobierno o los revolucionarios. ¡Dios mío! Yo me pasé toda la noche con el escapulario en la mano pidiéndole al Señor por el alma de esas pobres gentes. ¡Si a estas horas no los habrán fusilado! ¡Vaya usted a saber! ¡Y de la pobre Adelita tampoco se tienen noticias! ¡Y de la pobre Soledad y su hijito, menos! Dicen que aunque uno quiera entrar a la cárcel, no lo dejan entrar. ¿Se da usted cuenta? Ayer le mandé un vaso de leche, ¿y lo ha de creer usted que me lo devolvieron? Me mandaron a decir que Soledad está incomunicada y que no se le entrega lo que se le envíe. ¿Lo ha de creer? Dicen por allí que le encontraron correspondencia muy comprometedora con Cardoso. ¡Dios mío, esta mujer hasta la pueden fusilar, por tonta! Dicen que desde allí, de la cárcel, se comunicaba por carta con Cardoso. ¿Se da usted cuenta? Y lo peor es que el muchachito metido con ella, hasta se le puede enfermar. Viera, don Domingo, yo estoy tentada por ir a ver a Reyes y decirle que me entreguen al niño, que yo lo voy a cuidar en mi casa mientras Soledad está en la cárcel. Pero, ¿sabe usted por qué no voy? Porque me parece que Soledad no lo va a querer aflojar. ¡Ay, Dios mío, cuánta cosa! Ah, se me olvidaba contarle: la Lupe Rivas y don Fernando están que echan rayos contra don Joaquín. Me dijo la Lupe:

—¡Vea usted, doña Chon, qué viejo sinvergüenza! ¡Vea usted qué maestro, corruptor de menores! No sólo le metió en la cabeza a mi hijo que se casara con esa muchacha, sino que lo agarró y se lo llevó sin permiso. ¿Se da usted cuenta? Se lo llevó a casarlo y ahora probablemente los dos están presos o los han fusilado. ¡Ay, doña Chon, si usted viera cómo he pasado la noche! ¡Mi hijito, mi pobre hijo ha ido a buscar la muerte y el único responsable es ese viejo solterón que, a pesar de sus años, no tiene cabeza! ¡Dios mío, doña Chon, si usted viera qué noches las que Fernando y yo pasamos pensando en nuestro hijito! Fernando no puede hacer nada, nada. Hemos tratado de que el general Reyes pida informes, pero no se ha sabido nada absolutamente. Todos contestan que en el camino no los han visto. A mí se me ocurre que acaso los revolucionarios los han encontrado y los han fusilado. ¡Dios mío!

Pues así me estuvo hablando la pobre mujer, indignada contra don Joaquín. ¡Están pasando tantas cosas que yo no sé en qué van a acabar! Todo es un puro misterio. Le voy a decir a Carlos que vaya a buscar a don Joaquín y a Fernando. Si yo pudiera, yo misma iría. Pero me conformo con rezarles todas las noches y hasta he ofrecido a la Virgen una penitencia.

Viera, don Domingo, yo creo que es cierto eso que dice don Joaquín: a nuestra gente le gusta ir a la guerra porque tienen mucho que ganar y nada que perder. Por eso es que les gustan las revoluciones. Los indios van a robar a las «milpas», las huertas, las propiedades, a matar vacas para comer, a robar bestias, y mientras tanto economizan sus sueldos de soldados, y al terminar la guerra, si triunfan, a todos se les da dinero, los liquidan. Ahora dígame usted si no les tiene cuenta. En cambio, ellos no tienen nada que perder, porque como son haraganes, no trabajan la tierra ni tienen ganaderías. La casa donde viven no es casa, es un rancho, una cueva, una pocilga. Viven en la mayor miseria porque les falta iniciativa y estímulo por el trabajo. Duermen durante el día y lo único que saben es emborracharse. De manera que, gente que vive en esta situación no tiene nada que perder y en cambio, mucho que ganar: todo lo que roban y el pequeño sueldo que se les paga. Además, son gente ignorante que cree en las promesas que les hacen los caudillos, los caciques que los enrolan a la revolución. Para terminar con las guerras hay que combatir la ignorancia y la pereza: las revoluciones tienen sus raíces en estas dos plantas dañinas.

Y la prueba es que la clase trabajadora no desea las revoluciones. Aquellos, por el contrario, tienen mucho que ganar y poco que perder. El día que en nuestro país todo el mundo sepa trabajar y tenga alguna educación, las revoluciones terminarán. Como usted ve, estas no son ideas mías ni mucho menos, son las ideas de don Joaquín; él, que es tan inteligente, dice la verdad. ¿No le parece?

LOS YANQUIS FOMENTAN LAS REVOLUCIONES

En todo el país se levantó un mar de pasiones. Sobre el naufragio de la serenidad, la calma y el buen sentido, anduvieron flotando el egoísmo, la avaricia y el odio. Nadie tenía fe en nadie. La patria, gobernada por políticos egoístas, sordos al clamor del pueblo, no inspiraba confianza. Por otra parte, los revolucionarios dejaban una estela de inquietud, de miedo y de desolación por donde pasaban. De antemano se sabía que su militarismo se convertiría en dictadura al llegar al poder. El futuro se anunciaba como el presente y el presente como el pasado. Las mayores víctimas de tal situación eran las mujeres y los hombres cultos. Es verdad que el país no ofrecía mayor progreso material, pero al menos la vida era posible cuando había paz y tranquilidad. ¿Qué horizonte se podía divisar ahora sobre la verde campiña de las nativas montañas? El mismo que había ofrecido la historia patria: ahí estaba el libro de texto, narrando todo un siglo de guerra civil.

Todos observaban aquel espectáculo de acuerdo con sus intereses personales. Nadie sacrificaba lo personal en bien de la comunidad. Las miradas se volvían hacia el norte y el odio racial resurgía en sus palabras:

—¡Las compañías bananeras! ¡Ellas fomentan la revolución! ¡Los yanquis!

Carlos Amaya, como de costumbre, daba sus clases cotidianas en el pequeño edificio en que estaba instalada la «Escuela de Varones». Carlos Amaya tenía una expresión bondadosa para los niños, y éstos, que tanto aprecian tales cosas en los grandes y particularmente en sus maestros, lo querían con singular cariño. Carlos Amaya se paseaba a lo largo del salón con un puntero en la mano, mirando hacia el techo para pensar mejor lo que quería explicar. Al frente tenía una infinidad de niños que variaban entre los siete y los catorce años. Estos niños, sentados en sus pupitres, seguían las palabras del maestro con los ojos prendidos en una flor roja que Carlos se había colocado en un ojal de la solapa. Tal coquetería no era propia de él y por eso llamaba la atención. Carlos había hecho un paréntesis en su clase, uno de esos paréntesis tan bien recibidos cuando se vuelve árida y monótona la explicación del maestro.

—Voy a hablar —les había dicho— sobre la situación política. Ya ustedes habrán oído algo de esto en la calle. Probablemente no es mi obligación infundirles opiniones, pero me parece bien que ustedes tengan una idea general de ese fenómeno, tan conocido en nuestro país: las revoluciones militares. Después iremos a visitar a Héctor Cardoso, que, como ustedes saben, se encuentra en la cárcel con su madre...

Las revoluciones militares, tal como la que en este momento se ha declarado en el norte, en el sur y parte del occidente, son ejecutadas por hombres de nuestro país, hombres como ustedes y como yo. Ahora bien, esto no quiere decir que nosotros debamos hacer una revolución. Tales cosas son malas, y nosotros estamos aprendiendo a no hacer las cosas malas, y por el contrario, hacer las cosas buenas. Las revoluciones se hacen con armas de fuego: revólveres, ametralladoras, etc., que destruyen la vida. El gobierno constituido, por medio de las armas, defiende su derecho a gobernar y como consecuencia proviene la matanza. Se matan los revolucionarios con los defensores del gobierno, es decir, los soldados. Pero observen ustedes que unos y otros son nuestros compatriotas, es decir, que ellos entre sí son hermanos. Con igual facilidad, los padres de ustedes podrían pertenecer a uno u otro lado. La circunstancia por qué pertenecen, es decir, la opinión política que los hace pertenecer, es cosa secundaria. Lo esencial, lo trascendental es que ambos son nuestros compatriotas, ambos son hermanos entre sí. Es el mismo caso de ustedes cuando pelean con sus propios hermanos hasta golpearse, herirse, sacarse sangre.

Lo trascendental no es el motivo por qué pelean, que casi siempre es frívolo e insignificante, sino el sentimiento, como un abismo, que se abre entre ustedes, un sentimiento absurdo, porque ¡entre hermanos no debe existir más sentimiento que el del amor! También hay otro aspecto importante: el hecho de que la madre no sea un lazo suficientemente fuerte para inspirarles amor. Ese es el mismo caso de lo que ahora sucede en nuestro país. La patria, en este caso, sería la madre, que no es un lazo suficientemente fuerte para infundir amor entre todos sus hijos. Ahora habrá que ver quién tiene la culpa o si las revoluciones tienen una causa justificable. Nuestro país está gobernado por un número de sus hijos; no es posible que todos gobiernen. Mientras unos gobiernan, los otros, celosos observadores de lo que a ellos también les corresponde, están prestos a criticar la ignorancia, la inmoralidad, etc., de los que gobiernan.

Ahora bien, esta crítica, justa o tendenciosa, se puede hacer o se hace con argumentos lógicos, con un espíritu de amistad, por medio de palabras, en la tribuna o en la prensa. Pero hay veces que los que gobiernan no escuchan. Se creen únicos árbitros de la situación, creen que ellos son los que tienen derecho a criticar, a arreglar y volver a arreglar la administración del país. Se olvidan de los que no gobiernan, que también tienen absoluto derecho a los bienes de la patria. Si es verdad que en aquel preciso instante no tienen autoridad para administrar al país o para gobernar a sus demás hermanos, tienen, en cambio, derecho para abrigar celos, para aconsejar y advertir a los que gobiernan. En casos como éste, es decir, cuando los que gobiernan no escuchan a los gobernados, la lógica termina. Entonces es cuando la única salvación recae en la fuerza bruta. Esta es una característica de los países atrasados de la tierra. Esta fuerza bruta se manifiesta por medio de las «revoluciones». Se dice que cuando la razón no produjo el éxito, la fuerza bruta es indispensable y hasta justificable. A menudo esto es quizás cierto, pero también en otros casos es un pretexto para llegar al poder, y en tal caso los culpables por la presencia del uso de la «fuerza bruta», es decir, la revolución, no son los que gobiernan, sino los gobernados.

De cualquier manera que sea, ustedes deben estar seguros de que la presencia de una revolución militar en nuestro país es un signo de atraso.

Si la revolución se debe a que los que gobernaban al país fueron inconsecuentes con los gobernados, entonces los primeros son los culpables. Y si la revolución se debe a que los gobernados quisieron apoderarse del país por medio de la fuerza bruta porque no pudieron hacerlo por los medios legales, entonces los gobernados son los culpables. Ahora bien, ¿cómo podremos evitar que unos y otros no resuelvan el problema por medio de la fuerza bruta, es decir, con las revoluciones militares? El único medio es, como hago yo con ustedes, cultivar ciertos sentimientos que no existen en nuestro pueblo, pero que sí existen en los países civilizados, allá en donde la razón desempeña el papel que aquí está desempeñado por la fuerza bruta. Nosotros debemos cultivar el intelecto para entender nuestros deberes y derechos, pero también esos sentimientos morales de que les hablo. Me refiero al sentimiento de la justicia, el sentimiento de la cooperación entre hermanos, el sentimiento de la tolerancia, el sentimiento de la humildad, el sentimiento de la voluntad y el sentimiento de la fe: fe en el trabajo, fe entre unos y otros. Y por el contrario, desplazar la desconfianza, la avaricia, el espíritu impulsivo, la fe en la fuerza bruta, la vanidad, la haraganería y la creencia absoluta de que en nuestro país sólo es posible vivir del «tesoro público». Esto último es causante de la ambición del mando, y como al poder no siempre se puede llegar por las vías legales, las revoluciones, instrumento primitivo, persisten usándose entre nosotros.

No hago referencias sólo a la guerra civil con que ahora nos vemos amenazados, hago referencias a todas las revoluciones militares, porque todas son malas. Las revoluciones no son un medio para llegar al éxito, hay otros caminos y esos son los que quiero que ustedes usen cuando lleguen a ser ciudadanos responsables, los mismos caminos que se ponen en práctica en los países civilizados. Hablo de los medios de la disciplina moral, de la práctica de los deberes para poder disfrutar de derechos, de la cooperación de unos a otros, del respeto por el prestigio de todos, que redunda en el prestigio de cada uno. Tal sucede cuando la patria es admirada y respetada por el extranjero. Por estos medios y sólo por estos se obtiene el éxito. Ustedes deben practicarlo y en la práctica de ellos, cuando lleguen a ser ciudadanos responsables, notarán que las revoluciones no sólo son un grave daño, sino una creencia absurda de que por ahí se puede remediar las cosas. Sólo lamento que la generación a que pertenezco no haya puesto en práctica los medios de que hablo, para que mi vida hubiese obtenido las ventajas que proporcionan al ciudadano los países más civilizados que el nuestro. Pero espero que si ustedes ponen en práctica estos medios cuando lleguen a ser hombres como yo, cosecharán el sabroso fruto de la paz, la cooperación, el amor y el trabajo. En esa época, seguramente el recuerdo de nuestras revoluciones parecerá un medio tan absurdo y tan ridículo para llegar al éxito, como el sistema con que antiguamente se batían en los combates, porque entonces no existían armas de fuego.

Después que Carlos concluyó de hablar, agitado y visiblemente preocupado con sus ideas, permaneció en silencio largo rato. Después se paseó, se dirigió hacia los alumnos y les recordó la visita que tendrían que hacer al alumno ausente, Héctor Cardoso. Les manifestó que «doña» Soledad de Cardoso y su hijito estaban incomunicados en la cárcel. Pero que esa misma mañana había obtenido permiso del señor Comandante de Armas para visitar en unión de seis alumnos a la señora de Cardoso y a su hijito Héctor. Por tal motivo, manifestó Carlos que iría con los seis alumnos más grandes y que los otros podían retirarse a sus casas.

Efectivamente, Carlos se dirigió a la cárcel con seis de los alumnos, después que los restantes, alegremente, tomaron sus sombreros que permanecían en perchas colocadas en los corredores, y se dirigieron en medio de gritos a disfrutar de un día de vacaciones. Cuando Carlos llegó con los niños a la cárcel, extrajo de su bolsillo una orden en que el general Reyes le permitía entrar al recinto militar y se la entregó a un soldado llamado «jefe de guardia», que salió a su paso cuando Carlos se presentó a la puerta. Era un hombre de raza indígena, con la mirada imperativa, que es costumbre entre los militares del trópico. Serio, desconfiado, malicioso y al mismo tiempo orgulloso por la posición de responsabilidad que asumía. Sus ojos oblicuos de oriental, su piel cetrina, ligeramente amarillenta, su cabello de reluciente negrura, sus ojillos pardos y su nariz carnosa y achatada.

Cuando Carlos le alcanzó el papel, el hombre leyó y al ver la firma del general Reyes, toda la gravedad de su aspecto, imperativo y provocativo, se volvió humilde y hasta una sonrisa floreció en sus labios.

—Puede pasar —le dijo.

Carlos entró seguido por sus seis discípulos. El «jefe de la guardia» llamó con voz aguardentosa:

—¡Cabo! ¡Cabo!

Un hombrecito magro y raquítico se presentó.

—Lleve estos señores con esta orden —díjole con cierto pretencioso empaque—. Es orden del general Reyes para que vean a la señora Soledad Villafranca.

El hombrecito agarró el papel e hizo una seña a Carlos y sus discípulos para que lo siguieran. Cruzaron un patio muy sucio, que daba acceso a otro más grande en donde se encontraba una infinidad de hombres tirados sobre el suelo. Parecían adormitados, daban la impresión de indolencia, de aburrimiento y de odio en sus medrosas miradas. Amarrada a la pierna y descansando sobre el pie, algunos de ellos arrastraban una pesada cadena. Eran precisamente aquellos que mostraban facciones de criminales. Al punto se podía ver que eran reos. En las puertas conducentes hacia aquel patio y en actitud sigilosa, yacía otra jerarquía de hombres, también con similares cataduras, pero uniformados de azul y blanco, con una expresión menos hostil que los otros. Tenían en las manos rifles, algunos, como propuestos a exasperar los nervios, martillaban sus respectivos gatillos. Se podía ver que eran soldados y que cada uno custodiaba a uno de los otros hombres que eran reos. Carlos, siguiendo de cerca los pasos del cabo, pasó indiferente por en medio de aquellos hombres. No sucedió lo mismo con los seis alumnos de Carlos. Con esa cándida curiosidad que tanto caracteriza a los niños aún en la pubertad y en la adolescencia, ellos observaban todos los detalles del recinto en general y de los reos en particular. Carlos tuvo que detenerse varias veces para esperarlos. Los niños, absorbidos en el aspecto lúgubre de cierto hombre, se paraban para contemplarlo detenidamente.

«Moncho» Guillén, uno de los niños, orgulloso por reconocer al hombre, quiso manifestar sus conocimientos al compañero:

—Ese es el «Tigre» —dijo—. Se llama Simón Gutiérrez. Es el que mató a la hermana y al hermano. Al hermano le metió el puñal en el pecho y otro en la barriga. Después, con un pedazo de pala, le pegó a la hermana hasta que la mató. Lo que quería era quedarse con la herencia del padre. Era un hombre rico y no quería a Clemente. No le iba a quedar nada, y el único remedio era matar a los hermanos. Pensó que se iba a quedar con la casa y con las vacas, pero un vecino de los Gutiérrez fue a llamar al inspector y lo agarraron.

—¿Y vos cómo sabés eso? —le preguntó otro chico a quien le llamaban «Tachuela»—. Eso son mentiras que sacás de tu cabeza.

—¿Mentiras? Preguntale a mi papá, que él es el Juez de Letras y sabe la historia de cada uno de esos hombres.

Cuando Carlos y sus alumnos cruzaron por un obscuro pasillo, el cabo los detuvo frente a una entornada puerta de agujeros, único espacio por donde penetraba el aire; adentro se miraban unas sombras. El cabo llamó al carcelero, quien se acercó a sacar la llave de la puerta. El cabo hizo señales a Carlos para que entrara. Carlos dio dos pasos hacia adelante, llamando:

—¡Doña Soledad, doña Soledad!

La respuesta vino inmediatamente:

—¡Carlos! ¡Entre, Carlos!

Era un cuartucho con gruesos muros, que caían sobre el espíritu como una plancha de hierro. El piso era de ladrillos fríos, como si debajo corriera agua; a la izquierda se observaba una cuerda amarrada en el techo y de la cual colgaban diferentes trapos. A la derecha, una cama; sobre ésta, una almohada sucia. Cerca de la cama, una deteriorada silla que apenas se tenía sobre sus patas. Sobre la silla se observaba un plato y dos tazas. En las tazas había residuos de café y en el plato, pedazos de carne.

Carlos salió al encuentro de Soledad, quien lo sorprendió con una mirada interrogadora y arrogante a la vez. Mientras Carlos hablaba con Soledad, los ojos de ésta iban en la sombra de uno a otro extremo del cuarto. Parecía querer decirle:

—Mire, mire usted.

Carlos, por el contrario, aguzaba los ojos y se inquietaba por descubrir a Héctor en la obscuridad.

Soledad pareció entender y le dijo:

—Duerme, lo tengo enfermito.

Carlos y sus discípulos se acercaron. Ahí estaba Héctor. No era una cama, era un lecho formado por un banco y dos cajas grandes. El niño yacía cubierto por su gabancito y por una colcha muy vieja, guateada. Era evidente que estaba enfermo y que tenía fiebre, a juzgar por el brillo de sus ojos. Carlos se fijó en el rostro de Soledad y notó que la emoción ahogaba a la madre al contemplar a su hijito. Cada rasgo de su rostro palpitaba, se contraía: su mirada no podía ser más provocadora. Parecía decir:

—¡Ellos son los culpables!

Héctor yacía tranquilamente, sin pronunciar palabra.

—No conviene que este niño esté acá —dijo Carlos.

—¡Ah! Usted no sabe, Carlos —respondió Soledad—, no sabe lo que es Héctor. Hace dos noches que no duerme y sin embargo cierra los ojos para engañarme. Quiere que no me desvele por él. Cuando siente el sufrimiento que le produce la fiebre, se pone a cantar para no quejarse. Vino el doctor a verlo y no quiso irse con él por no dejarme sola en este inmundo lugar. El general Reyes sabe la situación de mi hijo y sin embargo no me permite que lo lleven a mi casa mientras se cura.

—Es horrible, es inicuo lo que hacen con usted, señora —respondió Carlos—. Esta misma tarde hablaré yo con el general Reyes. Claro, mi intervención vale muy poco, pero haré todo lo que pueda, trataré de explicarle la mala situación de Héctor y el peligro de que se pueda agravar. Además, buscaré la ayuda de don Fernando Rivas, que parece tener alguna influencia sobre el general.

—¡Oh! no, no vaya a hacer usted semejante disparate. ¿No sabe usted que don Fernando nos odia a nosotros por el asunto de mi hija y Fernando, su hijo?

—Es verdad, tiene razón. A propósito, ¿qué sabe usted de Adelita y Fernando?

—No me hable de esa hija ingrata, Carlos. Al principio creí que yo era la culpable, creí que había tenido la culpa cuando la regañé. Pero ahora veo que la crueldad ha sido suya. Que es una hija mala, verdaderamente mala, que nos ha abandonado cuando más la necesitábamos. Mi único consuelo es que don Joaquín va tras ella con el muchacho. Es verdad que después de haber dado el mal paso, ya no tengo por qué preocuparme. Pero a mí me parece que Adelita ha sido una embustera, que antes de irse de mi casa sin decirme nada, le ha escrito a Fernando, según me cuentan, diciéndole que en la capital lo esperaba para que vivieran juntos. Probablemente, lo que ha querido es que todo el escándalo caiga sobre mis hombros. Y mientras tanto ella, la hija que aparentaba tanta dulzura y bondad, se ha ido a disfrutar a donde nadie los conoce. Y vea usted lo que es la mala suerte: por un lado mi hija me deja caer todo un mundo de deshonra, y por otro lado, Pepe me hace responsable de su conducta, me compromete con estos hombres corazón de piedra. Y para que el dolor sea más duro, me dejan abandonada cuando más los necesito. En estos últimos tiempos, he sufrido tanto que apenas puedo creer cómo he resistido. En la calle la gente ha hablado de Adelita y de Fernando, echándome toda la culpa a mí. Se ha dicho que soy una madre desnaturalizada. Que si yo hubiera cuidado más a Adelita, no habría pasado lo que pasó.

Que como yo tengo una historia de mala vida, he querido que mi hija corra el mismo camino. Se ha dicho también que yo me propuse atrapar a Fernando y que, como los padres nunca hubiesen consentido en el matrimonio de Fernando y Adelita, yo traté de comprometer a los viejos con un escándalo para que así pudiera casarse Adelita con Fernando. En fin, me han puesto cola y Dios sabe cuántas cosas. Al mismo tiempo que esto estaba pasando, las familias enemigas de Pepe, por cuestiones de política, también me levantaban cuentos. Decían que yo era el espía de Pepe en Santa Clara. Que me iba a San Nicolás durante la noche para llevarle informes a Pepe de cuántos hombres tenían en esta plaza; qué clase de armamento; de qué prestigio gozaba el general Reyes. En resumen, que yo era quien estaba fraguando el plan de ataque. Que yo era una mujer mala, de instintos sanguinarios, capaz de agarrar el rifle y venir a atacar la plaza al lado de Pepe.

Todos esos cuentos seguramente le han llegado al general Reyes y por eso él me tiene aquí. Soy una mujer peligrosa, una mujer terrible que hay que tener presa porque, de lo contrario, el país no puede tener tranquilidad... ¡Ja, ja, ja!... ¿Qué le parece a usted, Carlos? ¿Qué le parece? Y sin embargo, cuando yo he sido la víctima y sigo siéndolo, nunca ha habido justicia para mí. Le quería contar de la manera como Damián Luna quemó mi rancho en San Nicolás. Ya usted lo sabe bien: el salteador de caminos llegó a mi casa, primero preguntándome por Pepe, quien hacía poco se había ido, y luego diciéndome obscenidades, propias de él. Estaba yo sola, completamente sola, y cuando don Secundino, el mayordomo, llegó en mi ayuda, Damián sacó el revólver y lo mató. El pobre anciano murió ante mis ojos. Fue un espectáculo tan horrible, tan espantosamente horrible, que yo no podré olvidarlo, aunque viviera miles de años. Llena de pavor logré escaparme y huir como una trastornada hacia los bosques vecinos. Así pude salvarme, en unión de Héctor, pero en la noche, lo que encontré cuando volví a la casa fueron llamas: el bárbaro incendiario, para vengarse de una pobre mujer, le había quemado su casa y asesinado al mayordomo. ¿Qué cree usted que hice? Venirme a pie hasta Santa Clara.

Si yo le contara a usted los sufrimientos que pasamos en el camino no los habría de creer. Nos pusimos a caminar, sin conocer el camino, escondiéndonos entre los árboles porque creíamos que Damián nos perseguía, bajo un fuerte sol que nos quemaba el rostro, caminando con el pesar de la casa que nos habían quemado, llenos de miedo porque creíamos que Damián venía detrás, y al mismo tiempo seguros de que esa noche tendríamos que dormir en el campo. Fue un viaje terrible; nos apartamos de la carretera y nos perdimos, anduvimos metidos en un bosque que conducía a un cerro muy grande, encontramos un camino y lo seguimos creyendo que nos conduciría a Santa Clara. Pero cuando llegamos a la cumbre del cerro, vimos que nos alejábamos en dirección opuesta a la carretera. Héctor me decía:

—Mamita, no tengas miedo, yo he andado por aquí y conozco el camino.

Yo le hacía creer que no tenía miedo y que él efectivamente conocía el camino, aunque el pobrecito estaba tan desorientado y tenía tanto miedo como yo. Además, estábamos los dos cansados. A mí se me había roto un zapato. Él se había caído y roto una pierna. Pero la situación en que nos encontrábamos era tan difícil que no teníamos tiempo para pensar en nosotros. Cuando llegamos a la cumbre del cerro, después de haber andado mucho, había muchas piedras y el lugar era tan elevado, que Héctor me dijo:

—Ahora sí que nos hemos salvado. Si Damián Luna nos viene persiguiendo, desde la cumbre del cerro y con esas piedras que están ahí, no nos agarrará nunca. Tú parada en un lado y yo en el otro, lo matamos a él y a sus soldados a pedradas.

Era tal el pánico que, si en aquel momento hubiera aparecido por ahí, posiblemente Héctor y yo nos hubiésemos defendido con las piedras hasta morir. También tuvimos intención de quedarnos. Era tal el cansancio que sentíamos...

Como la noche principiaba a caer, y apenas habíamos andado una legua, haciendo de tripas corazón, seguimos el camino. Llegamos al fin a la carretera. Yo traía los brazos amoratados con los golpes y las ramas de los árboles. Seguimos el viaje caminando por la vía, pero evadiendo el camino siempre que nos encontrábamos con alguna persona. Como ya la noche había caído, Héctor y yo caminábamos a tientas, agarrados de las manos y pidiéndole a Dios que no nos fuera a pasar nada.

—Caramba, la compadezco a usted, señora —dijo Carlos—. He andado por esas serranías y ya me imagino lo que habrán sufrido.

—¿Conoce usted por allí? —preguntó Soledad—. Pues me alegro que conozca, usted puede tener una idea de lo mucho que sufrimos. Son lugares terribles esos, existen muchas espinas de mora que se quedan prendidas en la carne. Luego el terreno es muy húmedo y cuando menos se espera, uno se mete en los fangos. ¡Es espantoso!

Mientras Soledad refería el víacrucis a Carlos, Héctor, nervioso y débil, también había trabado larga conversación con sus compañeros de estudio. Acostado en la improvisada cama, en el rincón del cuarto y en la obscuridad, les refería también los incidentes que la madre contaba a Carlos. Les hablaba igualmente de su enfermedad, de los días de fiebre que había pasado y finalmente, con grandes exclamaciones, les contaba cómo era la vida de la cárcel. Sus compañeros se volvían todo oídos para escucharle:

—Ustedes no saben cómo es la vida en la cárcel —les decía Héctor—. Aquí solo vive gente mala, solo mi mamá y yo somos los únicos buenos. Todos los que están aquí han matado gente, algunos han matado con un machete, con un cuchillo, con unas tijeras, de cualquier modo. Han matado a su madre, a su padre, a sus hermanos. La cosa ha sido matar, matar por cualquier cosa. Yo conozco un viejito que vive allí en el siguiente cuarto y que tiene la cama pegada a la pared, cerca de la mía, pared por medio. Ese viejito ha matado cinco veces y las cinco veces ha venido a la cárcel. El hombre que nos trae la comida me estuvo contando. Dice que al primero que mató fue a su primo, dice que los dos salían al campo y que un día, el primo le dijo:

—Te apuesto dos pesos a que vos no te bajás aquel durazno de una pedrada.

El viejito, que se llama Clemente García y que entonces era joven y que es muy orgulloso, por no ser menos que el primo, le contestó:

—Te apuesto los dos pesos a que me bajo el durazno.

Hicieron la apuesta y Clemente no pudo bajar el durazno. Entonces el primo agarró una piedra y bajó el durazno. Clemente, después que perdió, le entregó los dos pesos que era lo único que tenía. Entonces el primo se puso a burlarse de Clemente. Le dijo que ya no tendría los dos pesos, y que era un infeliz que apostaba el dinero y se quedaba sin nada. Clemente se enojó mucho, sacó el cuchillo y se lo metió al primo en el cuello, otra puñalada en la pierna y la última en la barriga. Después que lo vio muerto, le sacó los dos pesos, se fue a emborrachar y no se acordó más del primo hasta que lo trajeron a la cárcel. Cuando le preguntaron que por qué había venido a la cárcel, él no se acordaba. Aquí estuvo dos años y cuando la guerra, mientras estaba peleando, se puso un uniforme de soldado, salió huyendo y no lo volvieron a ver.

Después mató al hermano porque estaba borracho y no le quería prestar cinco pesos. Lo volvieron a traer preso y se volvió a ir. Un año después, encontraron muerto a un forastero cerca de Santa Rita, todos dijeron que Clemente García lo había matado. Con esa llevaba tres muertes. Lo trajeron preso y estuvo ocho años en la cárcel; cuando salió, ya estaba viejo, así como se ve ahora. A Clemente le gusta beber, dice que la vida sin beber no vale nada. Poco después de haber salido de la cárcel, fue con un amigo a la feria de Yupure. Allá en la feria el amigo se peleó con otros, lo iban a machetear y entonces a Clemente le dio cólera y salió en defensa del amigo. El amigo había caído al suelo con un machetazo en la pierna. Clemente corrió a defenderlo y al primero que encontró le dio un machetazo en la cabeza. Entonces los otros salieron huyendo y Clemente se quedó solo, peleando con el que había herido en la cabeza. Por fin el hombre cayó muerto. Tenía ocho machetazos que Clemente le había dado en la cabeza y en todo el cuerpo. Esta vez Clemente salió huyendo y no lo pudieron agarrar. Estuvo cinco años en El Salvador y por fin volvió. Se vino a vivir con una hermana casada que tenía aquí. El esposo de la hermana se cansó de estar manteniéndolo porque Clemente era muy haragán y se comía toda la comida del cuñado y de la hermana.

Entonces el cuñado le dijo que se fuera y Clemente, que andaba borracho, le dijo que no se iba.

El cuñado le contestó:

—Si no te vas, te voy a sacar de las patas.

Clemente le dijo:

—Todavía no ha nacido el hombre que me va a sacar de las patas.

Entonces el cuñado se fue a sacar el cuchillo, pero Clemente, que tenía el machete en la mano, antes de que se pudiera armar, le dio una puñalada. Después que el hombre cayó al suelo, Clemente le dio tres machetazos más. Ese es el último que ha matado. Lo trajeron a la cárcel y aquí lo tienen todavía. Ya está viejito, pero dicen que si lo sacan, va a ir a matar a otro. Yo creo que es mejor tenerlo aquí.

La voz de Carlos interrumpió la conversación de los niños. También el cabo, parado en la puerta, manifestó que la visita se había prolongado.

—Bueno, Héctor, dame la mano —dijo Carlos—. Espero que luego te compongas y vuelvas a la escuela, vieras cuánta falta nos haces.

—Muchas gracias, don Carlos —le contestó Héctor—. El doctor dice que me voy a componer pronto, yo me siento mejor.

Carlos le respondió con una sonrisa llena de dulzura y simpatía. Le dio dos palmadas en la espalda y, con sufrimiento marcado en los ojos, retiró la vista y se alejó. Todos los niños se lanzaron entonces sobre la cama para despedirse de su compañerito. Parada en la puerta, pensativa y con la mirada hacia el suelo, yacía Soledad esperando que por allí pasaran los visitantes. Cuando Carlos y sus discípulos se despidieron de ella, apenas si pudo la pobre madre estrecharles la mano y decirles con un suspiro en la garganta:

—¡Adiós! ¡Adiós!

¡QUÍTENMELO, PORQUE LO MATO!

Carlos se dirigió a la Comandancia de Armas para conversar con el general Reyes. Era un hermoso día lleno de luz. Las calles, como de costumbre, estaban desiertas y Carlos iba caminando despacio, con su aire indiferente y abstraído. De vez en cuando, salía una voz del interior de una casa.

—Adiós, Carlos.

—¡Adiós!

Carlos seguía caminando. El único ser que se veía en la calle era un pequeño perro de color alazán. Cuando Carlos y el animal se encontraron, el perro se acercó, olfateó las piernas de Carlos y luego siguió su camino, siempre al trote y siempre oliendo las piernas de las personas que encontraba. En el cielo, las nubes empezaban a borrar la claridad del día. Un aire frío empezó a correr de sur a norte. Al llegar a la esquina de la Comandancia, Carlos se acercó a un grupo de mujeres indígenas que yacían sentadas en la calle. Eran mujeres de cutis trigueño, vestidas con percales humildes. A un lado de las mujeres se veían enormes canastos llenos con naranjas rojas y anaranjadas. Las mujeres vendían la fruta a los transeúntes, pero también ellas habían comido algunas y tirado los desperdicios sobre el piso de la calle. Carlos puso el pie sobre alguno de aquellos resíduos y cayó al suelo. Con el instinto de protección, se llevó la mano hacia atrás y todo el cuerpo tuvo que apoyarse sobre la mano, que sin poder resistir se dobló contra la muñeca.

En la puerta de la Comandancia, Paco, el hijo adoptivo del Comandante, vio caer a Carlos y vino en su ayuda. Paco era un muchacho de veinte años, alto, fornido, y que aparentaba menos edad de la que tenía.

—¿Qué le pasa, Carlos? ¿Cómo que se ha golpeado?

—Nada, nada, una lastimadura.

Las nubes se habían alejado y el cielo se presentaba otra vez bordado de cirros y de luz. Entrando a la Comandancia de Armas se pudo ver a Carlos, agarrándose la mano izquierda con la derecha y a Paco llevándolo del brazo derecho.

—Le voy a vendar la mano —decía Paco.

—Nada, nada —repetía Carlos—. Una ligera lastimadura.

Algún rato después, los dos permanecían parados en la puerta de la Comandancia. Carlos había hablado con el general Reyes y no había obtenido ningún favor para Soledad. En la cara de Carlos se mezclaba una profunda tristeza. La mano izquierda la tenía agarrada otra vez con la derecha, pero ahora aparecía vendada con un pañuelo blanco.

—Ese viejo tiene un corazón de piedra —dijo Paco, mientras señalaba con el dedo y guiñaba el ojo.

Hacía referencia a su padre. Carlos sonrió irónicamente porque sabía cuál era el enojo de Paco contra el general Reyes.

Alrededor del general Reyes y Paco se contaba una historia muy interesante: Paco tenía una novia que se llamaba Herminia, y el general Reyes se enamoró de la muchacha. Para quedarse con ella, el general envió al hijo a la capital. Herminia le escribía cartas a Paco y le contaba la conducta de su padre. Paco se indignó contra el general y regresó a Santa Clara. El general, profundamente enamorado, insistió en que no sería Paco sino él, el marido de Herminia. Con este motivo, el general Reyes hacía visitas a Herminia todas las tardes. El general Reyes, como dijimos, era un hombre bajo, cuadrado, bigotudo, con una selva de cabello crespo, la piel trigueña y los ojos pardos y menudos. La familia de Herminia recibía con muchas atenciones al general Reyes. No porque era el admirador de Herminia sino porque era el Comandante de Armas y porque su edad infundía respeto.

Tan pronto como el general se iba, Paco llegaba a visitar a Herminia. Los padres de Herminia y Paco se ponían a hablar del general:

—¿Ya vino el viejo? —preguntaba Paco.

—Sí, sí —contestaban los padres de Herminia y se echaban a reír:

—Ji, ji, ji. Hay que tener cuidado, Paco.

—¿Se habrá imaginado que es un Adonis? —decía Paco, rechinando los dientes.

Los padres de Herminia no sabían lo que quería decir "Adonis", pero celebraban el enojo de Paco.

—Cuando venga mi papá, no le hagas caso —le decía Paco a Herminia.

Poco a poco, entre el padre y el hijo se fue desarrollando una batalla tremenda por el corazón de Herminia. La muchacha prefería a Paco, pero al padre le guardaba el respeto que sus años y su posición le merecían. Por fin, el general Reyes prohibió que dejaran entrar a Paco en la casa de Herminia. Paco se indignó ante la conducta de su padre, pero no quiso decir nada. Mientras tanto, la lucha del padre y el hijo por el amor de Herminia llegó a llamar la atención de todo el pueblo. El general Reyes, a pesar de sus 55 años, estaba locamente enamorado de la muchacha, pero Paco había jurado que ningún hombre besaría jamás los labios de Herminia.

Sucedió que el general Reyes tenía apostados algunos soldados alrededor de la casa de Herminia con el fin de que Paco no pudiera entrar. Ante semejante actitud, Paco se indignó mucho y para vengarse se emborrachó esa misma noche con coñac. Era el 15 de septiembre y el general Reyes, celebrando la fiesta nacional, había invitado a varios de sus amigos para recorrer las calles con una alegre serenata. Se divertían mucho a lo largo de las obscuras calles, acompañados de guitarras, flautas, mandolinas y violines.

Paco se embriagó y llegó a unirse al grupo. También el general Reyes andaba ebrio. Cuando el padre vio al hijo, le llamó:

—¡Paco, hijito!

El hombre se encontraba tan débil que resbaló al suelo. Paco no dijo una sola palabra. Todos los hombres corrieron a levantar al general Reyes. Después él volvió a decirle al hijo:

—¿Quieres que le llevemos en tu nombre la serenata a Herminia?

Paco tampoco contestó. Lo que hizo fue irse a beber aguardiente y volvió completamente ebrio. La serenata continuaba a lo largo de las obscuras calles del pueblo. Ildefonso Fonseca cantaba:

«Lejos yo de ti
Cuando mi alma está
Ganas de llorar
Me dan, mi bien, por ti...»

Paco volvió llorando. Estaba ebrio y sentimental. Se encontró con Ignacio Contreras y le dijo:

—Oye, Nacho, te quiero hacer una confesión:

¡Herminia será mía o de nadie! ¡Oye bien, Nacho, Herminia será mía o de nadie!...

Cuando Paco se acercó al grupo de gente, llamó al general Reyes, interrumpió la canción de Ildefonso Fonseca y le dijo al padre:

—Papá, quiero decirte una cosa.

El general Reyes siguió a Paco sin proferir palabra.

Cruzaron la calle, caminaron hacia la esquina opuesta, tomaron hacia la derecha y se detuvieron en un angosto callejón:

—Papá —le dijo Paco con voz nerviosa—:

Quiero decirte que Herminia será mi esposa.

El padre, por toda contestación, se puso a reír:

—¡Ji, ji, ji, ji, ji!...

Paco volvió a decirle:

—Te digo que Herminia será mi esposa.

El padre, como un trastornado, empezó a reír con más fuerza:

—¡Jua, jua, jua!

Paco se irguió sobre las puntas de los pies. Apretó las uñas contra la palma de la mano y asestó un terrible puñetazo sobre la frente del padre.

El hombre cayó, y todavía en el suelo siguió riendo.

—¿Por qué ríe? —le preguntó el hijo.

—¡A Herminia me la han vendido, hombre! Me la vendió el papá. A vos te están engañando, hombre. ¡Jua, jua, jua!

Era absolutamente una risa grotesca.

Paco se quedó blanco como la hoja de un papel. En su cerebro se produjo algo así como un desgarrón, violento, doloroso; un estremecimiento interno le recorrió todo el cuerpo. Volvió la vista y paró el oído para escuchar si alguien venía. Toda la ciudad permanecía como un sepulcro. Su faz estaba trémula y demudada. Las lágrimas se le agolpaban en los ojos. Quiso aprovechar aquel espacio de tiempo y se quitó el saco, luego el sombrero y después se arremangó los brazos. El general Reyes permanecía en el suelo.

Estaba completamente ebrio y apenas se daba cuenta del ridículo papel que desempeñaba. Cuando Paco estuvo sin saco, sin sombrero y con los puños arrollados, se tiró sobre el cuerpo de su padre:

—¿Así es que con tu dinero y con tu poder has comprado a Herminia, eh? ¡Pues ahora te voy a enseñar que lo que esa gente hace es reírse de vos!

Paco se encontraba a horcajadas sobre el cuerpo del general Reyes y tenía la mano izquierda sobre la garganta de su padre, casi estrangulándolo:

—¿Así es que vas a comprar a Herminia con tu dinero?

Paco estaba blanco de indignación.

El general Reyes volvió a reírse:

—¡Ji, ji, ji, ji! ¡Jua, jua!

El hijo se abalanzó a darle golpes, uno tras otro, hasta hacerle saltar la sangre, hasta extraerle los dientes postizos del maxilar superior. El padre dejó de reír y empezó a quejarse. Estaba completamente ebrio y se sentía sin fuerzas.

—¡Viejo estúpido!

El hijo seguía dándole golpes al padre. Estaba sudoroso, pero hubiese sido difícil decir si sentía o no remordimiento. De pronto se escuchó la carrera de los demás hombres que venían en auxilio del general Reyes. Cuando el primero de los protectores llegó, ya Paco también había caído a un lado, sin fuerzas, exánime.

El general Reyes presentaba la dolorosa figura de un Cristo. Manaba sangre de la cabeza y de la cara, no tenía cuello y la corbata le colgaba sobre la cabeza. Paco presentaba también una figura lastimosa. El sudor le corría por todo el cuerpo, estaba completamente agitado y apenas podía decir con voz trémula:

—¡Quítenmelo, porque lo mato!

El general Reyes no hablaba.

—¿Qué pasa? ¿Qué pasa? —se preguntaban todos.

Como es natural, llevaron al padre y al hijo a la casa y corrieron a buscar un médico para que asistiera las heridas del padre.

Súbitamente, Paco prorrumpió a llorar...

Por la noche, mientras el padre sufría en el lecho de enfermo, Paco huyó al vecino país. Cuando al cabo de un año regresó, el general Reyes lo puso en la cárcel, con los reos más depravados.

Herminia, mientras tanto, conquistada por el general Reyes, la hizo primero su concubina y después la abandonó. El hijo no perdonó aquello; su corazón se le llenó de odio, y sin embargo siguió viviendo con el padre. Paco, al regresar, trajo noticias frescas de Manuel Villafranca, «El fugitivo».

ADELITA, CÁSATE CONMIGO

Lentamente, sobre las cansadas acémilas, iban llegando a la capital, don Joaquín y Fernando. Caía la tarde, tranquila, de un día de agosto. Los automóviles, saliendo de la ciudad, cruzaban cerca de las bestias, que huían nerviosamente hacia la orilla de la carretera. Don Joaquín montaba con un traje negro, que más parecía la sotana de un cura, y con un pardo sombrero de fieltro que había acabado de ennegrecerle el rostro bajo los ardientes rayos del sol. Fernando, más modernamente, iba vestido de blanco, con un ligero traje de palm-beach, sombrero de Panamá y camisa abierta mostrando la garganta y gran parte del pecho.

Los dos hombres, con esa timidez propia de los provincianos, no obstante que ambos habían vivido largos años en la capital, se fueron acercando sobre sus mulas, medrosamente. Cruzaron las primeras calles, volvieron varias esquinas y por fin Fernando, que conocía el camino, tomó la delantera. Anduvieron así varias cuadras hasta que Fernando detuvo la bestia frente a una humilde vivienda de obrero; don Joaquín detuvo también la suya.

—Esta debe ser la casa de doña Pancha —dijo Fernando.

Era una casa de tres cuartos; la pared de adobe, el techo cubierto con tejas y el piso de ladrillos, como es costumbre en el trópico.

—Habrá que preguntar —respondió don Joaquín.

Fernando hizo un esfuerzo para bajarse, pero en el preciso momento en que él apoyaba el pie izquierdo sobre el estribo, la pequeña puerta de pino se abrió y doña Pancha, sumamente envejecida, apareció.

La sorpresa se marcó instintivamente en todos los ojos, pero particularmente en los de doña Pancha. Don Joaquín se sorprendió al ver a doña Pancha porque recordó su rostro; sólo una vez en su vida había hablado con ella y precisamente aquí en la capital. Cuando don Joaquín se fue a vivir a Santa Clara, por razones de salud y, como dijimos, para llevar una vida completamente independiente de la política, ya doña Pancha había regresado a la capital, después de enseñar durante dos años en la escuela de niñas de Santa Clara. Fue en esta época cuando doña Pancha conoció a Adelita, su alumna preferida.

Doña Pancha manifestó sorpresa. A quien menos esperaba era a don Joaquín y a Fernando. Instintivamente, cuando la mujer vio a los hombres, pensó en Adelita y se llevó las manos a la cabeza.

Doña Pancha manifestó sorpresa. A quien menos esperaba era a don Joaquín y a Fernando. Instintivamente, cuando la mujer vio a los hombres, pensó en Adelita y se llevó las manos a la cabeza a la vez que tras de sí cerraba la puerta, como diciendo:

—¡Tendréis que pasar sobre mi cadáver para poder entrar!

—¡Doña Pancha! —dijo don Joaquín.

—¡Hola, doña Pancha! —terció Fernando—. ¡Cuánto tiempo sin verla!

Doña Pancha logró reponerse y por fin dijo:

—¡Cuánto gusto de verlos!

—El gusto es nuestro —contestó don Joaquín, bajándose de la bestia y demostrando completa seguridad en su expresión.

A doña Pancha, abstraída hasta entonces en otras preocupaciones, se le ocurrió mirar su vestido con la más espontánea coquetería femenina.

—¡En qué facha me encuentran!...

—¡Está en su casa, señora!

Reinaba el más absoluto silencio en el humilde barrio. Se oía únicamente la voz de una mujer en la casa vecina, que cantaba la canción con que Ildefonso Fonseca alegraba a la gente de Santa Clara:

Lejos yo de ti
cuando mi alma está
ganas de llorar
me dan, mi bien, por ti.

—Por supuesto... ¡vienen por Adelita! —dijo doña Pancha y, volviendo a ver a Fernando con marcada seriedad, insinuó:

—¡Y usted viene, caballerito! ¡Ay, si usted supiera cuántas lágrimas le ha arrancado a esa criaturita! ¡Ha pasado días y noches contándome su desventura!

Doña Pancha cruzó con don Joaquín una mirada de inteligencia. Fernando, tímidamente, bajó la vista. Doña Pancha siguió hablando; miraba ora a uno, ora al otro:

—¡Si usted supiera qué cruel ha sido, Fernandito! ¡Viera usted, don Joaquín!, la pobre criatura vino muy enferma, con vómitos... creí que hubiera dado a luz inmediatamente. —Fernando volvió a bajar la vista.— Aquí ha seguido con los vómitos, el estómago lo tiene muy descompuesto, pero ya está mejor, bastante mejor. El largo viaje la había puesto peor; usted comprende.

Don Joaquín puso una mano sobre el hombro de Fernando y, con seriedad, dijo, mientras contemplaba a doña Pancha:

—Señora, lo traigo para que purgue sus culpas y está dispuesto a hacerlo.

Por tercera vez, Fernando bajó la vista.

Después de un rato de silencio, doña Pancha, con más gravedad en su expresión y bajando el tono, dijo:

—Va a ser un golpe muy rudo para la pobre criatura cuando se informe que ustedes están aquí. ¡Ay, ni sé cómo decirle! Es que hay que prevenirla; va a ser un golpe terrible cuando sepa que ustedes, es decir, Fernando, están aquí. ¡No los esperaba! Ella se imagina que ustedes están en Santa Clara. —Luego dejó de hablar, poniéndose el índice sobre la comisura de los labios. Después dijo, dirigiéndose a Fernando:

—Vea, que entre don Joaquín primero. —La señora entreabrió los labios con una afectuosa sonrisa—. Que entre don Joaquín y que él prepare el ánimo de Adelita para que después entre usted. ¿No le parece?

—Sí, muy bien —respondió Fernando con una sonrisa de simpatía, satisfecho de que doña Pancha encontrara una buena solución.

—Me parece una magnífica idea —dijo don Joaquín,— pero es bueno que usted le prevenga de que yo voy a entrar. ¿No le parece?

—Ah, sí, ¡está claro! Eso es lo que yo pensaba.

Y después, con una mirada de satisfacción, dijo:

—¡Espérenme aquí!

La mujer entró y los dos hombres permanecieron allí con una figura marcadamente cómica. Cada uno tenía agarrada del freno a su respectiva cabalgadura. Ninguno de los dos dijo nada mientras doña Pancha estuvo ausente. Fernando sentía que el corazón pugnaba por saltarle del pecho; era tal su emoción. Trató de controlarse golpeando el piso con la suela del zapato. Don Joaquín, que comprendió la nerviosidad de Fernando, tuvo impulsos de reír, pero desvió la mirada a fin de disimular.

Doña Pancha tardó más tiempo de lo que se supuso. Al volver, dijo casi al oído de don Joaquín:

—Venga, don Joaquín. Usted quédese allí, Fernando.

Don Joaquín y doña Pancha entraron y Fernando permaneció esperándolos.

La impaciencia de Fernando fue mayor mientras don Joaquín y doña Pancha estuvieron ausentes. Primero se puso a silbar, luego se le ocurrió apretar la cincha de su cabalgadura. Cuando el pobre animal se echó hacia atrás, Fernando comprendió que había apretado demasiado la cincha. Estaba realmente nervioso. No sabía qué le podría decir a Adelita. Al mismo tiempo se sentía inmensamente feliz ante la probabilidad de volver a verla.

Don Joaquín volvió al rato, nerviosamente. Detrás de él, venía doña Pancha, preocupada, con aire de inquietud y duda.

—No te quiere ver —le dijo don Joaquín a Fernando—. Está muy enojada contigo, muy indignada y sin embargo, también me parece que quiere hablarte. No sé; cuando insistí en que debía verte se puso a llorar. Doña Pancha le dijo que tú has venido a suplicarle que te perdone. Ella mira a doña Pancha, me mira a mí y por toda contestación se pone a llorar nuevamente. Doña Pancha y yo hemos convenido en que tú entres. Allá, después que la veas, se arreglarán los dos como mejor puedan. ¿No te parece? Sí, hombre, entra. Indudablemente que en el fondo, se muere por verte; ya sabes cómo son las mujeres...

Fernando, con expresión de profunda gravedad, empezó a caminar. Don Joaquín, a su lado izquierdo, le agarró la mano y le colocó su mano derecha en el hombro. Doña Pancha los vio venir y se hizo a un lado sin decir nada. Parecía que la mujer manifestaba con su indiferencia, no sólo su irresponsabilidad ante las consecuencias sino incapacidad para tomar una actitud. Los dos hombres entraron a la casa. Don Joaquín y doña Pancha apenas se cruzaron una sonrisa de inteligencia. Al llegar a la puerta, don Joaquín se detuvo y le dijo a Fernando:

—¡Entra, hombre, entra!

Fernando, sin oír, entró y detrás de sí, cerró la puerta...

Por la calle desierta corría un aire frío, de norte a sur. Se oía a lo lejos los gritos de una vendedora de pan. Dos flacos bueyes tiraban de una carreta con dificultad. Detrás de la carreta venía un hombre silbando, con un burrito. Estos pequeños ruidos y escenas sobresalían en medio del silencio que se derramaba a lo largo de la calle.

Algunos días después, Fernando contó íntimamente a don Joaquín las experiencias de aquella entrevista. Le decía Fernando, muy emocionado:

—Cuando entré, ella estaba llorando sobre la cama; me vio y metió la cabeza entre las almohadas. Aquello lo hizo por vergüenza. La llamé y no me quiso contestar. Al contrario, lloró con más desesperación. Me senté a la orilla de la cama y le dije, muy conmovido al verla sufrir:

—¡Vengo a casarme contigo, pedacito de mi alma! Ya sé que te he hecho mucho daño y te pido de rodillas que me perdones. ¡Amor mío!, ¡pedacito de mi corazón!... ¡Adelita, perdóname, por Dios!... ¡Vengo a casarme contigo, amorcito! Nos vamos a ir a vivir a la casa de don Joaquín. Él quiere que vivamos allá. ¡Adelita, por favor!...

De pronto ella, sin decirme nada, dejó de llorar y se arrojó con los brazos a mi cuello.

—¡Si vieras cuánto he sufrido! —me dijo, bañada en lágrimas—. He tenido días horribles, una vez compré un veneno y me lo iba a tomar, pero desgraciadamente doña Pancha me lo encontró y desde ese momento, por miedo a que yo me envenenase, no me han dejado sola un momento. El viaje de Santa Clara aquí fue horrible, espantosamente horrible; yo ya no tenía ilusiones, todo había concluido para siempre. Doña Pancha ha sido muy buena. Desde que yo vine, ha estado siempre a mi lado. Me ha cuidado mucho, ha tratado de distraerme, pero yo me sentía tan sola que lo único que deseaba era la muerte. Mi mamá me abandonó cuando más la necesitaba, se fue para San Nicolás y me dejó. Yo sabía, además, que el pueblo entero hablaba mal de mí, pero lo que me mató, lo que verdaderamente me ha hecho sufrir, fue la indiferencia con que tú me viste después del escándalo.

Es verdad, yo comprendía que tu mamá y que tu papá se oponían a que te casaras conmigo, pero me preguntaba: Él es hombre, dice que me ama y entonces ¿por qué no hace lo que quiere? ¿Acaso no es mayor de edad?...

Ese mismo día, don Joaquín y doña Pancha hicieron los preparativos para el matrimonio. Don Joaquín empezó a visitar las viejas amistades, entre las cuales estaban el alcalde y un cura muy popular en otro tiempo; también don Joaquín era popular, prueba de ello fue que la edición del periódico vespertino lo saludó al día siguiente de su llegada. Hablaba el diario de los méritos de don Joaquín y terminaba deseándole larga vida para bien de la juventud que lo quería...

ES UN DÍA PARA BAILAR

Tres semanas después se celebró el matrimonio civil y eclesiástico de Fernando y Adelita. Don Joaquín y doña Pancha tuvieron que gastar sus buenos dineros. Estuvieron presentes muchas de las amistades de don Joaquín, gente importante del gremio de educación, del foro y hasta de la política y de la prensa. Hubo un alegre baile. La casa de doña Pancha resultó demasiado pequeña para tanta concurrencia. Mientras departían todos alegremente, se presentó un individuo que quería conversar con don Joaquín.

—Supe por el periódico que había venido —le dijo.

—¿Cómo se llama usted? —le preguntó don Joaquín.

—¿Yo? Atanasio Ochoa.

—¿Qué desea?

—Desearía, si no le es un inconveniente, conversar un rato con usted.

—¡Cómo no! —respondió don Joaquín—. ¡Pues está claro! Entre, entre; estamos celebrando un casamiento y estamos un poco contentos...

—Así supe —respondió el hombre—, me dijeron en la vecindad que estaban de fiesta.

Don Joaquín entró a la salita llena de gente, con el forastero del brazo. El traje humilde del hombre hacía contraste con la indumentaria de don Joaquín, quien departía con excesiva soltura por efecto del licor. Cuando los dos estuvieron sentados, don Joaquín le dijo:

—Ahora, dígame usted en qué le puedo servir...

—Se trata de nuestro amigo don Manuel Villafranca.

Don Joaquín, instintivamente, acercó la silla hasta rozar las piernas del hombre:

—¿Usted conocía a Manuel Villafranca?

—Fue mi amigo, vivió en mi casa los últimos meses...

—¿Usted es?...

—Salvadoreño.

—¡Ajá! Diga usted.

—Pues que yo tengo una recomendación para usted de don Manuel. Vine al país en cuestión de negocios hace ya algunos días. Pregunté por usted y me dijeron que era una persona algo conocida, pero que ahora vivía en la ciudad de Santa Clara. Pensé ir allá, pero me dijeron que era lejos, que había que ir a lomo de mula. Ya había perdido la esperanza de verlo, pero ayer leí en el periódico la noticia de que había llegado.

—¿Y qué desea usted decirme?

—Villafranca me recomendó que hablara con usted. Fueron sus últimas palabras, pues él murió en mis brazos, como le digo.

—¿Y qué le dijo?

—Que usted era el único amigo que dejaba en este país. Que todos lo habían visto mal y le habían hecho su vida muy desgraciada.

—¡Ajá!

—Pues me dijo ya para morir que dejaba unos terrenos y unos cuantos animales en ese lugar de Santa Clara. Que había hecho un testamento y se lo había dejado a usted para que ocupara el puesto de tutor de la niña, su hija, que ella le heredaba todo.

—¡Ajá! ¿Qué más?

—Pues que si la hija corría mal camino, era mejor que la fortuna llegara a manos de un hermano que se llama Crescencio Villafranca. Que de todos modos, no estaba seguro de que era su hija. Pero que en todo caso sentía más cariño por ella que por la esposa que siempre lo había engañado.

—¿No escribió algún papel para mí?

—Eso es lo malo, tenía esa intención, pero la muerte le vino de repente.

—¿De qué murió Manuel?

—De beber. Bebió hasta morirse; lástima el hombre tan inteligente. Y, lo tuve empleado, así lo conocí y supe apreciarlo. Sucede, señor, que en Santa Ana tengo una agencia de una casa norteamericana que me envía aparatos de mecánica y de eso vivo con mi familia. Pues don Manuel me llevaba la contabilidad del negocito. Yo traté de hacerle la vida más llevadera, lo acomodé como pude en mi propia casa, allí dormía y allí mismo tomaba los alimentos. Pero el hombre vivía siempre inquieto. Al principio nunca me quiso decir nada, era muy reservado. Yo le veía que hablaba poco y que por las noches se iba a caminar solo por la ciudad. Se miraba siempre un poco pálido y decaído.

—¿Qué le pasa, don Manuel? —le preguntaba.

—Nada, señor Ochoa —me respondía, un poco nervioso—. Eso es todo...

Pero yo miraba que el hombre no estaba bien. Un día volvió borracho a la casa. Después siguió bebiendo continuamente. Yo le había dicho que no me gustaba la gente borracha y él volvía ebrio en la noche, para que yo no lo viera. No me enojé con él, por el contrario, me dio lástima y le aconsejé que no volviera a hacerlo. Don Manuel siguió bebiendo de noche. Daba pena verlo en aquel estado. Ya no me prestaba ninguna ayuda y por el contrario, yo era el que tenía que cuidarlo. El hombre salía a la calle sin saco, sin cuello y a veces sin camisa y sin zapatos, se enloquecía completamente. Tengo un hijito de 14 años, pues el oficio del niño era cuidar a don Manuel todo el tiempo. Salía el hombre ebrio por las calles y el niño detrás. Ya en este tiempo, don Manuel era completamente incapaz para el trabajo. Pedía dinero en las calles para tomarse un trago de aguardiente.

—Soy muy desgraciado, señor Ochoa —me decía llorando como un niño—. Ha habido una tragedia en mi vida, siempre he sido desgraciado. Me casé para olvidar mis penas y lo que encontré fue mayor dolor y desventura. Bebo licor para olvidar mis grandes pesares, bebo para morirme. ¿Qué otra cosa puedo esperar? La muerte, es lo único que espero. A mi país no volveré nunca. No quiero caer en ridículo. Tengo miedo de que mis paisanos se burlen de mí, es la cosa más terrible que le puede suceder a un hombre. No quiero volver a mi país, no volveré nunca, prefiero quedarme aquí como un chancho, bebiendo hasta morirme...

Me hablaba otras veces de su mujer y de su hija.

—A mi esposa no la quiero —decía—. Me engañó con otro. Es una mujer inmoral. A mi hija tengo ganas de quererla, estoy muy solo y necesito un cariño. Pero sucede que cuando empiezo a quererla, me asalta un miedo, un miedo terrible de que no sea mi hija... Mi esposa tuvo relaciones con muchos hombres mientras vivía conmigo... Es horrible, es espantosamente horrible lo que me pasa...

El hombre dejó de hablar y don Joaquín se le quedó viendo.

—Amigo —le dijo—, esas son las palabras de Manuel. Usted ha copiado exactamente las ideas del pobre Manuel Villafranca. Usted ha copiado las palabras y los sentimientos. Efectivamente, yo fui la persona que él apreció más en Santa Clara. La hija de él y de la cual usted me habla es aquella señorita, ¿ve usted?... ¿claro, ve usted?...

—Es decir, señora, porque en este momento acaba de contraer matrimonio. Estamos, precisamente, celebrando el matrimonio de ella, de Adelita Villafranca. ¿Ve usted qué guapa es, claro, ve usted? Tiene apenas diecisiete años. El marido de ella es aquel joven, ¿lo ve usted? Aquel joven vestido de negro, no, el otro, el joven que ahora se sirve licor, el que se acerca a la señora robusta, ese mismo. Se llama Fernando Rivas y es el hombre que se acaba de casar con Adelita. Yo me siento muy feliz porque soy una especie de padre de los dos... ja, ja, ja, ja. Soy un viejo solterón, no tengo hijos y ahora quiero que ellos vayan a vivir a mi casa. ¿Qué le parece? Pues verá usted: el caso de Manuel fue realmente muy interesante. Un hombre muy desgraciado porque él mismo se hizo así. Efectivamente, me recomendó a Adelita; una noche, un año después volvió a Santa Clara, hicimos el testamento y a la mañana siguiente hizo el regreso sin haberse visto con su familia.

Ahora bien, Manuel dudó de que Adelita no fuese su hija, pero eso es absurdo. Soledad, es verdad, llevó una vida inmoral, pero me ha asegurado que Adelita es hija de Manuel. Le he preguntado eso a Soledad porque en el testamento hay una cláusula en que se expresa que si yo, como recomendado para hacer efectivo el testamento, encontrase que el padre de Adelita no fuese Manuel, entonces la herencia no pasaría a manos de Adelita sino a manos de su hermano, un hijo natural del padre de Manuel, que nadie sabe dónde vive y que se llama Crescencio Villafranca. Soledad y Adelita ignoran que ese testamento se conserva en mis manos porque también existe otra cláusula en el documento en que se me prohíbe que yo propague la existencia de dicho testamento. La verdad es que usted es la primera persona con quien converso sobre esto.

Adelita y Soledad apenas saben que Manuel vivió y murió en el país de usted. No se les ocurre suponer siquiera que Manuel volvió para que hiciéramos ese testamento...

—Pues, señor don Joaquín, veo que ha cumplido con las recomendaciones de don Manuel. Si él reviviera, quedaría satisfecho.

—¿Usted se refiere al casamiento de Adelita?

—Eso mismo.

—No crea usted, señor, que he cumplido tan honrosamente. Precisamente también Manuel me dijo de palabras que en caso de que Adelita corriera mala suerte, la herencia no iría a manos de ella.

—Pero... ¿y ha pasado algo?

—Sí, Adelita corrió mala suerte. ¿No lo ve usted? Pronto será madre.

—¿Y eso?...

—Pues, nada, yo he conseguido que todo se arregle bien. El joven fue un antiguo discípulo mío, yo lo he convencido de que su deber era casarse con ella. Él no se opuso. Se hubiese casado desde un principio, pero los padres de él se han opuesto. Como usted verá, la madre de Adelita, a pesar de ser una buena mujer, goza de mala fama en Santa Clara.

—Así es que el casamiento se ha hecho con urgencia.

—Mejor dicho, con sigilo, porque los padres del novio nada saben todavía. El matrimonio corre de mi cuenta, yo les daré mi casa para que vivan y tendré que mantenerlos mientras Fernando empieza a ganarse la vida. Esto va a ser una cosa difícil porque yo deseo que Fernando siga mi ejemplo y no viva del presupuesto nacional. Él se acostumbrará a esa vida, si se esclaviza al empleo del gobierno, no hará honor a sus convicciones.

En nuestro país sólo los hombres que no viven del tesoro público son hombres libres. A mí me da mucha lástima observar que en nuestra patria, muchos de nuestros hombres tienen que sacrificar sus propias ideas para poder vivir. Esto es un caso tristísimo, pero verídico. Por supuesto que tales hombres dejaron de serlo. Estos pobres viven con el sol que alumbra. Ah, es muy triste, triste... Yo quiero que Nando haga honor a sus convicciones hasta donde es posible en nuestro país. Por eso quiero que viva independientemente. Yo soy educador y tengo que enseñar al público en la calle para librarme en las aulas de la política. ¿Qué le parece? Es decir, no quiero devengar sueldo del Gobierno para que se me considere un hombre libre y mis ideas se respeten. De lo contrario, yo no podré tener ninguna influencia educadora entre el público. Se me diría que el Gobierno paga para que lo sirva y al llegar el nuevo Gobierno se me exigirá que renuncie o, de lo contrario, seré un hombre inmoral que sirve a todos los partidos. ¿Qué le parece? Por suerte, mis padres me heredaron una regular fortunita, quiero que con ese dinero Fernando emprenda un negocio y al morir yo, lo mío le quedará a Nando y a Adelita. Yo soy incapaz para los negocios, no se me ocurre nada, vamos a ver si Nando tiene mejor cabeza.

—¿Qué con quién vivo? Vivo solo, es decir, vivo en la buena compañía de una vieja sirvienta y de un gato. A los dos estimo mucho. También me hacen compañía mis libros. ¿Qué haría yo sin mis libros? Ellos me acompañan en la noche, cuando todo el mundo duerme en Santa Clara. También me acompañan mis recuerdos, mis viejos y queridos recuerdos de los viajes que hice por Europa y por Norteamérica. Paso la vida humildemente. Soy hombre humilde, no puedo menos que serlo. Vivo meditando, meditando siempre. En el pueblo todos me quieren y yo trato de recompensarles su cariño con gratitud. Me preocupan mucho los problemas de nuestro país, pero me siento incapaz para intervenir porque soy un hombre pasivo. Soy incapaz para la acción. Creo que tengo una visión clara de nuestros males, pero —como le digo— no puedo intervenir.

—En todo caso, es usted hombre bueno, señor, y ya veo que don Manuel Villafranca difícilmente habría conseguido mejor padre para su hija...

—Sí, sí, quizás tenga usted razón. También debo decirle que además del cariño que Adelita y Fernando me producen, hay en mí un interés social, deseo hacer un experimento con ellos. Quiero que, cerca de mis ojos y con mis consejos, lleguen a ser la pareja más feliz de la tierra. En una palabra, quiero hacer un ensayo de vida conyugal muy diferente a la tragedia que se observa todos los días en el matrimonio. Yo no me casé, pero creo tener mis ideas de cómo se puede ser feliz en el matrimonio, y eso es lo que voy a experimentar con Fernando y Adelita...

—Ja, ja, ja, ja.

—Venga, se la voy a presentar... Le voy a presentar los dos, a él y a ella.

Don Joaquín se paró y el hombre, tímidamente, preocupado de la situación, se pasó la vista por el calzado y por los pantalones.

—No importa —le dijo don Joaquín—. No importa, ellos comprenden. Pero le voy a aconsejar una cosa: no diga usted que conoció a Manuel, porque Adelita lo acabará a preguntas y ella nada sabe de que Manuel bebía licor en su país, y tampoco sabe, como le dije, que Manuel se siguió comunicando conmigo después de su partida.

—¡Ah!, cómo no, no tenga usted cuidado.

Los dos siguieron. Don Joaquín llamó:

—¡Nando! ¡Nando! Trae a Adelita y ven por aquí.

Fernando, que venía al encuentro de los dos hombres, giró sobre los talones y se perdió en el cuarto vecino.

—Verá usted —dijo don Joaquín—, verá usted cómo se le parece ella a Manuel. Tiene los mismos ojos y hasta su misma timidez. Es un absurdo, un completo absurdo, creer que esta niña no es hija de Manuel Villafranca. Soledad, la madre de Adelita, tiene mucha confianza conmigo porque yo mismo la pretendí en un tiempo. Era una mujer muy bella, usted la viera, todavía ahora tiene algo de lo que fue en su tiempo. Además, Soledad era una muchacha inteligente y a mí me gustaba conversar con ella. Con el pobre Manuel no se portó bien, yo soy el primero en reconocerlo. Pues, cuando le pregunté con seriedad si Adelita era hija de Manuel, le aseguro a usted que me lo juró. Me dijo que efectivamente había traicionado a su marido, así con esas palabras, pero que Adelita era hija de Manuel. Que así como Héctor, otro niño, es hijo del general José Cardoso, y otro niño que se le murió era hijo de un militar de apellido Orozco, Adelita era hija de su marido, de Manuel Villafranca.

Vea usted, allí viene Adelita, la novia, la vestida de blanco. ¿Verdad que se parece con Manuel? ¿No observa usted, señor Ochoa, algo en los ojos de ella y en los ojos de Manuel? Sí, sí, aquella mirada de ojos dormidos que tanto caracteriza a Manuel. Efectivamente, así es, la hija tiene los mismos ojos del padre.

—Adelita, Fernando, les voy a presentar un viejo amigo mío, el señor don...

—Atanasio Ochoa.

—Eso es, se me olvidaba, mi amigo Atanasio Ochoa y mis hijos, Adelita y Fernando.

—¿Usted es de la capital?

—No, no —terció don Joaquín—, el señor es salvadoreño...

—Tal vez conoció a mi papá —sugirió Adelita.

—Oh, no —respondió don Joaquín nerviosamente.

—¿Conoció usted, señor —dijo Adelita sin hacer caso a don Joaquín—, conoció usted a don Manuel Villafranca? Era alto, muy bien parecido, dicen que tenía los mismos ojos míos. ¿Lo conocería usted por casualidad? Se llamaba Manuel Villafranca.

—No, señorita —respondió el hombre con admirable fingimiento de ignorancia—, no tuve el honor de conocer a su padre.

Adelita suspiró y volvió la mirada al horizonte que se acercaba a través de la ventana sobre la cresta de una verde colina.

—¡Qué desgracia! —repitió Adelita—, a todos los que vienen de su país les pregunto si han conocido a mi papá y nadie me dice que sí. ¡Qué desgracia, señor, para una hija!

—Hoy no es día para estar triste —dijo don Joaquín—, a bailar, vayan ustedes dos a bailar.

Mientras esto pasaba, el señor Ochoa sonreía, pero también se mantenía turbado y sorprendido por la desconfianza que los demás invitados le mostraban.

Adelita, comprendiendo con su intuición de mujer lo que le pasaba al hombre, le dijo:

—Me alegro que usted haya venido en un día tan feliz para mí.

—Efectivamente, señorita... señora.

—Ja, ja —terció don Joaquín—, ya Adelita es toda una señora y pronto sabrá lo que eso significa. Hace poco leía el proceso mental que se va sucediendo en la mujer desde que tiene quince años hasta que llega a los cuarenta y cinco. Según ese escritor, a los quince años, dice la jovencita: "¡Qué severa es mamá!... No sé por qué no me deja ir a las fiestas... ya tengo edad para lucirme. ¿Tendrá miedo de que la envejezca?"

A los veinte años repite: "Parece mentira que no quiera dejarme un momento sola con Alberto. Tenemos tanto que hablar... Decididamente, las madres no saben lo que es amor, no lo comprenden... ¡Claro!... ¡Cómo en su época el amor era una cosa tan distinta!... ¡Y tan cursi!"

A los treinta dice: "¿Quién me había de decir que Alberto iba a olvidarme?... Mamá parece que lo hubiera presentido. Tantos años de cariño, de dedicación... Qué razón tuvo mamá al decirme: 'No te fíes de ese hombre'."

A los cuarenta y cinco: "Si el matrimonio no me ha dado felicidad, me ha dado tranquilidad, pero ahora estoy inquieta. Mi hija empieza a ser ya una señorita: noto en ella alardes de independencia, arranques, rebeldías... ¡Pobre madre mía! ¡Qué sabia era! ¡Cómo conocía el mundo!... Ahora me hubiera hecho falta para dirigirme un poco en la educación de esta niña..."

—Ja, ja, ja.

—Eso lo inventó usted —dijo Adelita.

—¿Lo inventé yo?

Don Joaquín, por efecto del licor, se encontraba demasiado expansivo. Como dijimos, era generalmente tímido y, en consecuencia, ahora llamaba la atención de todos.

—Si es verdad que yo inventé eso —volvió a decir, dirigiéndose a Adelita—, está bien. Cuando tengas cuarenta y cinco años verás que tengo razón...

Fernando dio el brazo a Adelita después de despedirse del señor Ochoa. Adelita se retiró con una sonrisa llena de coquetería. Volvió a ver a don Joaquín con mirada irónica y luego, dirigiéndose al señor Ochoa, le dijo:

—¡No le crea nada! ¡No anda muy bien de la cabeza!...

Don Joaquín soltó una estruendosa carcajada y el señor Ochoa también sonrió. La pareja de recién casados se dirigió a reunirse con los invitados.

—¡Van a ser felices! —dijo don Joaquín—. ¡Es lo que yo me propongo!

—Así creo yo —respondió el señor Ochoa—. Me parece muy bien ella y también el joven. Lástima que don Manuel haya muerto sin verlos casados.

—¡Pobre Manuel! —terminó don Joaquín.

Y después los dos hombres permanecieron en largo silencio. Afuera se encendían las luces eléctricas. Con la noche que llegaba, también bajaba la temperatura. Gente humilde del barrio se apiñaba en la puerta. La sirena de un automóvil se confundía en la distancia con los ladridos de un perro.

—¿Qué tal hizo el viaje? —preguntó el señor Ochoa.

—Bien —respondió don Joaquín—. Perfectamente. Ya sabrá que en nuestro país se acostumbra andar más a lomo de mula que en el suyo. Una vez dormimos en el campo abierto, en el corazón de la montaña. A mí me gustan estas experiencias. Me parece que así me pongo más cerca de mi tierra. Dormimos debajo de un mantiado, de una carpa. Fernando, nuestro sirviente y yo. Esa noche me sentí completamente abandonado del mundo. No había ningún ser humano cerca de nosotros, creí que hasta una fiera pudiera llegar por allí. Nuestro sirviente, que es un buen hombre, hizo una enorme fogata. ¡Viera usted qué sensación más extraña me produjo encontrarme en el corazón de la montaña, bajo un cielo estrellado —eso sí—, pero lejos de todo ser humano! Se respiraba una brisa muy fresca y se desprendía un olor a yerba, a bosque, especialmente el rico olor de los pinos. ¿Qué le parece a usted?

—¿Por aquí no salen leones? —le preguntó Fernando a Pedro, el sirviente.

—No —respondió el indio—, al menos no vendrán aquí esta noche...

—¡Vea usted qué consuelo! No creo que hayan fieras por allí, pero yo dormí con el revólver preparado debajo de la almohada. ¡Era conveniente!... Por la noche ordeñamos unas vacas y bebimos leche fresca. Pedro es un sirviente de mucha iniciativa. Había vacas con terneritos, probablemente animales de algún vecino hacendado, y a Pedro se le ocurrió atar el ternero para que las ubres de la vaca estuvieran llenas por la mañana. Efectivamente, al día siguiente hubo leche fresca para todos.

—El dueño de esa vaca nos va a procesar —le decía Fernando a Pedro.

—¿No sabe usted, patrón —le contestaba Pedro—, que en estos lugares la propiedad es libre?...

—¡Ja! ¡Ja! ¡Ja!

MANUEL, UN TIPO MUY RARO

—Pasando a otra cosa, señor Ochoa, dígame... ¿Usted notó alguna vez si Manuel pensó seriamente en regresar a su país, regresar al lado de su familia, como es natural? ¿Notó algo en las conversaciones con usted? Es que el caso de Manuel es un caso raro, abandonar a su familia, su casa y su país. ¡Yo hasta creo que Manuel no andaba bien de la cabeza!

—Vea, don Joaquín, a mí también me preocupa mucho el caso de don Manuel, aún ahora. En un principio me llamó la atención porque yo ni sabía que era casado. El hombre era sumamente reservado. Jamás lo vi leyendo cartas. Por fin, cuando empezó a beber, me dijo que efectivamente tenía una esposa y una hija acá. Me dijo también que él era un hombre extraño, que ni él mismo se entendía. «Soy un hombre raro —me dijo—. Quizás yo mismo me he hecho desgraciado. Mi mujer nunca me comprendió porque yo mismo no me comprendo. Sufro para olvidar, señor Ochoa, es lo único que me queda. Si yo no tuviera tanto orgullo, quizás lo pasara mejor. Soy un hombre sumamente orgulloso y sufro porque la gente no me aprecia como yo merezco...»

—Sí, es interesante. Eso demuestra que Manuel se conocía a sí mismo, que conocía sus defectos. ¡Qué caso tan extraño el de Manuel! ¡Viera usted, señor Ochoa, las conversaciones que mantenía conmigo! Salíamos a pasear por las tardes, allá en Santa Clara, y durante todo el camino me hablaba de sus sufrimientos.

«—¿Qué haría usted en mi lugar, don Joaquín?» —me preguntaba.

«—¡Ser hombre! —le contestaba—. ¡Ser hombre!»

«—Yo no soy hombre —me respondía—, soy un niño, una criatura desamparada que necesita afectos, amor, palabras de aliento. Sufro mucho, mucho...»

Se me saltaban las lágrimas cuando oía hablar así al pobre Manuel. Sabía que él me decía aquello con profunda sinceridad y por eso me emocionaba tanto que hasta se me saltaban las lágrimas.

«—Me da miedo la vida, don Joaquín —repetía—. Me siento muy solo, profundamente solo. Yo no soy un luchador, quizás soy un cobarde, un pusilánime. ¿Qué quiere usted, don Joaquín, si así soy? No puedo cambiar, es imposible. Quisiera ser fuerte como los robles. Quisiera luchar, ser un luchador, pero no puedo, me faltan energías físicas y valor moral.»

«—Todos tenemos sufrimientos —le contestaba—. No creas que hay gente más feliz que tú. Trata de preocuparte menos, hombre. La vida es igual para todos. Llénate de optimismo, ríe, alégrate, trata de encontrar algún interés en la vida, piensa en que estás joven y la vida está al frente de ti. Tus sufrimientos son un absurdo. La vida es para reír, para luchar, para vivir...»

«—No, don Joaquín —me respondía—, ya sé lo que voy a hacer. Mi única salvación está en el aguardiente. (En ese tiempo no bebía). Voy a beber y a beber hasta embrutecerme. Lo que más me mortifica es mi pensamiento. Quisiera no pensar. Sería feliz sin pensar y por eso voy a beber, para matar mi pensamiento...»

«—¿Y qué es lo que piensas? —le preguntaba.»

«—Pienso en cosas horribles —me contaba—. Pienso en que la vida es una cosa absurda; pienso en que yo no llegué a ser lo que deseaba ser y que por eso me desprecian; pienso en que la gente se ríe de mí porque la mujer que es mi esposa me engaña con otro. Pienso en que toda mi vida, don Joaquín, toda mi vida es un fracaso...»

Cuando Manuel acababa de hablar, las lágrimas le caían sobre el rostro. Lloraba como un niño, pero como un niño enfermo, como un niño desamparado... Le aseguro a usted, señor Ochoa, que el caso de Manuel me impresionó hondamente. Y no crea que yo lo criticaba por su manera de ser; por el contrario, era muy tolerante. Creo francamente que Manuel era un hombre enfermo. Soledad lo hizo más desgraciado porque no lo comprendió. Hizo mal en casarse con ella...

—¡Lástima, un hombre tan inteligente, don Joaquín, tan educado, tan de buenas maneras y tan de buena presencia!

—Efectivamente. Dice Pascal que toda la desgracia del hombre consiste en no saber estar quieto entre cuatro paredes. Manuel nunca estuvo quieto; la vida lo envenenó por su propio consentimiento.

Después de un rato de silencio, don Joaquín volvió a hablar:

—Me remuerde la conciencia la muerte de Manuel. Me parece que yo pude haber evitado que se fuera. Me parece que si Manuel se hubiera separado de Soledad, quizás habría vivido en tranquilidad. Soledad, como le digo, no lo comprendió y por fin acabó por engañarlo. Claro que eso no es motivo para huir, pero Manuel era un hombre orgulloso y a la vez tímido. La gente orgullosa y tímida es siempre desgraciada. Manuel me contaba que sus sufrimientos morales le habían quitado el apetito y que pasaba las noches enteras sin dormir... Manuel, menos orgulloso, habría sido feliz. El orgullo le envenenó la vida y acabó por estrangularlo como una soga amarrada en el cuello... Después, como usted pudo observar, trató de encontrar consuelo en el licor. Recuerdo muy bien una carta que me escribió poco después de su partida. Comprendo que esta carta la escribió bajo la influencia del aguardiente. Decía en ella:

«Anoche soñé con usted, don Joaquín. Hace ya varias semanas que no duermo y anoche me quedé dormido sólo para soñar con usted. Soñé que yo estaba muy solo en este país, que caminaba por las calles sin conocer a nadie, que andaba con hambre en el estómago y con frío. Que nadie me quería dar una moneda y que yo pensaba con tristeza en mi lejana Santa Clara. Pensaba en el cerrito "Coquimba", allí donde jugaba cuando era niño, pensaba en la flauta de Ildefonso Fonseca, pensaba en usted, don Joaquín, y cuando me acordaba que estaba muy lejos, me caían las lágrimas de los ojos. Pensaba también en la inutilidad de la vida. Con eso me consolaba cuando me acordaba que yo era un fracasado. Me decía a mí mismo: soy un fracasado, ¿pero acaso los que no son fracasados son más felices que yo? ¿De qué sirve no ser un fracasado? ¿Acaso sólo porque ellos pueden satisfacer sus vanidades son más felices que yo? Si uno no es un fracasado tiene siempre más aspiraciones, desea más cosas y por eso nadie está satisfecho de sí mismo y en resumen todos somos unos fracasados. La vida misma es una prisión, y el que pierde la libertad no puede ser feliz...»

«Soñaba en todo esto cuando al volver una esquina me encontré con usted. Al principio me dio vergüenza, tenía los zapatos rotos y hacía dos meses que no me afeitaba la barba. Desgraciadamente, usted me reconoció por los ojos, mis ojos siempre me delatan. Me quiso dar la mano y yo me eché a llorar en sus brazos. Después le conté la historia de mi vida, la horrible historia de mi vida desde el momento que abandoné Santa Clara. Le conté que estaba arrepentido de haberme venido, que yo no era hombre para llevar la vida en el destierro. Pero le dije que prefería morirme de hambre y sed antes de volver a Santa Clara, que tenía demasiado orgullo para regresar allá y caer en ridículo. También le hablé del hambre que tenía y usted me dio unas monedas.

—¡Ja! ¡ja! ¡ja!

—Era un tipo muy raro Manuel, muy raro...

—Pues, ya veo que usted, como yo, tratamos de salvarlo, don Joaquín.

—Eso es, pero infructuosamente.

—¡Pobre don Manuel!

—¡Pobre Manuel!

Los dos hombres guardaron largo silencio. Finalmente el señor Ochoa volvió a hablar:

—Me dice usted que vive muy solo en Santa Clara...

—Es decir, vivía; ahora me llevo esta pareja de recién casados.

—¡Ja! ¡ja! ¡ja!

—Mi costumbre, señor Ochoa, ha sido siempre la lectura. Pero no crea usted que yo he sido un misántropo o un solitario. Nada de eso, yo amo a la gente. Podría muy bien decir lo mismo que Montaigne, un señor filósofo: «En casa me retraigo un poco más a menudo a mi librería, desde donde fácilmente domino mi hogar.» Allí, ahora hojeo un libro, luego otro, sin orden ni propósito, al azar. Triste, en mi opinión, de aquel que no tiene en casa donde estar consigo, donde hacerse privadamente la corte, donde esconderse. La ambición paga a muchos teniéndolos constantemente a la vista, como estatua de mercado: «magna servitus est magna fortuna». Esa frase de Séneca, otro filósofo, quiere decir: «gran servidumbre es la grande fortuna.» Por eso no hay que aspirar a ser muy rico, señor Ochoa.

—¡Ja! ¡ja! ¡ja!

—Pero tampoco crea usted que yo soy esclavo de los libros, tampoco. Yo soy o quiero ser libre a mi modo. Me gusta hojear todos los libros, eso sí, porque como dice Goethe: «No hay obra mala en la que no haya algo bueno». Pero también estoy de acuerdo con Plinio cuando dice: «Es necesario leer mucho a los autores, pero no muchos autores.» ¿Comprende?

—¡Ja! ¡ja! ¡ja! Sí, don Joaquín!

—Vea usted, Séneca, ese filósofo que le acabo de citar, no quiere que se lea demasiado. Cree que querer leerlo todo es, con frecuencia, «exponerse a no hacer más que recorrer con la vista lo que se lee». No se puede, según él, entrar en la substancia de un autor más que por la frecuentación asidua cuyo provecho sólo se desprende a la larga. Termina sus consejos a Lucilio invitándolo a hacer una elección entre los mejores autores.

—¡Ja! ¡ja! ¡ja!

El señor Ochoa no entendía nada de lo que don Joaquín hablaba. Creía que don Joaquín se proponía divertirlo y por eso, cada vez que don Joaquín terminaba de hablar, el señor Ochoa se reducía a comentar con una carcajada:

—¡Ja! ¡ja! ¡ja!

Todo el mundo se había dado cuenta de la amena charla entre don Joaquín y el señor Ochoa y todos se reían con ellos.

Fue entonces cuando don Joaquín le dijo al señor Ochoa:

—Habrá notado, señor Ochoa, que me siento un poco débil... ¡ji! ¡ji! ¡ji! ¡ji!

—¡Cómo no, ya lo había notado! —respondió el forastero con una sonrisa irónica.

—Se me ha subido a la cabeza —repitió don Joaquín—, es que me han dado una mezcla de coñac, whisky y champagne. ¿Se imagina usted?

—¡Ji! ¡ji! ¡ji! ¡ji!

—Hay una cama en aquel cuartito. Voy a ir a recostarme allá y usted me va a acompañar, porque usted también se va a quedar a dormir... No quiero hacer mal papel, soy hombre serio, además aquí hay muchos de mis antiguos discípulos y no conviene que me vean en este estado.

—¡Ji! ¡ji! ¡ji! ¡ji!

Don Joaquín, doblando las piernas, agarró del cuello al señor Ochoa y se lo llevó casi arrastrándolo. El espectáculo que los dos hombres presentaron en medio de la salita fue tan cómico, que la gente se echó a reír al verlos. De lejos vino una carcajada. Don

Joaquín, enojado, volvióse a ver, pero cuando observó que la que reía era Adelita, su cólera se transformó en risa. Semejante cambio de emociones sirvió para rebajarle el peso del licor y alumbrar su inteligencia. Fue entonces cuando comprendió que hacía un papel ridículo. Creyó que su única oportunidad consistiría en pronunciar algunas palabras en defensa propia:

—Señoras, señores —dijo—. Me declaro vencido. Ya veo que en el campo de batalla yo soy la primera víctima. Pero no se preocupen por mí, me alegro de que también ustedes estén alegres...

Una exclamación de carcajadas se levantó de todas partes.

—¡Ja, ja, ja, ja! ¡Jua, jua!

Las señoras se agarraban el estómago para no reírse más y era que don Joaquín, mientras hablaba, tenía siempre agarrado del cuello al pobre señor Ochoa, quien con marcada humildad y respeto, en vez de protestar por la poca consideración con que se le trataba, permanecía con seriedad, el rostro suyo con mirada de tristeza, pero enrojecido porque mientras don Joaquín pronunciaba su discurso, se iba emocionando e iba apretando más y más el cuello del pobre señor. Además, el traje del señor Ochoa guardaba completo contraste con el de don Joaquín y aquello daba mayor realce a la nota cómica. Por fin don Joaquín terminó de hablar, condujo al señor Ochoa, del cuello, como se agarra un niño malcriado y aún entonces las carcajadas de los invitados no cesaban. Mientras tanto, el señor Ochoa era el único que permanecía en silencio, porque para él no había nada de qué reírse...

Cuando los dos hombres estuvieron solos, don Joaquín llamó a una sirvienta y le ordenó traer más licor.

—Yo no bebo, señor Ochoa —decía a cada momento—, lo hago por Adelita y por Fernando. Me siento feliz, completamente feliz. ¿Qué quiere tomar, señor Ochoa? ¿Desea usted coñac? No, mejor tome usted champagne. Esta es una bebida muy fresca, muy fresca, señor Ochoa. ¿Sabe usted de qué me estoy acordando? De un buen amigo de Santa Clara, que se llama Ildefonso Fonseca. Ildefonso canta una canción que dice:

Lejos yo de ti
Cuando mi alma está

Ganas de llorar
Me dan, mi bien, por ti.

—Tiene usted buena voz, señor don Joaquín; buena voz.

—Y usted tiene mucha sed, señor Ochoa; espere un momento:

—¡María! ¡María! Tráele una copa más grande al señor Ochoa, para que beba de todos los licores que tenemos.

El señor Ochoa no protestó, miró a don Joaquín con seriedad y aprobó con la mirada. Cuando la sirvienta volvió con la copa, don Joaquín le sirvió una extraña mezcla de coñac, whiskey y champagne. El señor Ochoa apuró la copa y se lamió los labios con satisfacción. Algún tiempo después don Joaquín dormía a pierna suelta y el señor Ochoa, sentado a la orilla de la cama, se servía sendas copas de vez en cuando. En la otra salita la gente departía alegremente. El señor Ochoa, completamente libre, tomaba nuevamente la botella de whisky, de coñac o de champagne y volvía a servirse. Después suspiraba bajo el efecto del licor, cruzaba la pierna, volvía a ver a don Joaquín que yacía dormido como un muerto, y nuevamente se quedaba en silencio. A ninguno de los invitados, ni siquiera a los dueños de casa, se les ocurría venir a observar a los dos hombres.

Cuando los invitados se despidieron, después que la noche había caído, Adelita fue por fin a visitar a don Joaquín y se encontró con un cuadro verdaderamente cómico. Don Joaquín tenía la cabeza para un lado y el señor Ochoa para el lado opuesto. Pero ambos se habían quitado el saco, cuello y corbata. Sin embargo, la nota cómica no consistía en ninguna de estas cosas; lo que a Adelita le produjo risa fue que don Joaquín había metido la punta de su zapato en la boca del señor Ochoa. El pobre hombre, como es natural, respiraba con dificultad, pero no se despertaba. Adelita se tapó la boca para no reírse. Lo que ella hizo fue retirar cuidadosamente, para que ninguno se despertara, el zapato de don Joaquín. El señor Ochoa pareció despertar, respiró más holgadamente, se pasó el dedo pulgar por la nariz varias veces y sin abrir los ojos se dio vuelta hacia el lado derecho, encogió el cuerpo como si hiciera frío y siguió durmiendo. Adelita, que permanecía a un lado de la cama, creyó que el señor Ochoa abriría los ojos y corrió a ocultarse detrás de una puerta. Cuando estuvo segura de que seguían durmiendo, salió andando muy suavemente y fue a llamar a doña Pancha y a Fernando. En la cocina les contó el incidente del zapato metido en la boca del señor Ochoa. Doña Pancha y Fernando lo celebraron con grandes carcajadas. Después vinieron los tres y se pararon a observar a los dos hombres y a celebrar su borrachera con risas irónicas...

En la silla, junto a la cama, y en el suelo, se veían botellas, licor derramado en el piso y sobre la almohada se veían residuos de vómitos; parecía que don Joaquín, a consecuencia de las bebidas, se había descompuesto el estómago.

Fernando optó por que los dejaran tranquilamente, pero antes cerró las puertas y ventanas para que durmieran.

La noche había caído desde hacía horas; un profundo silencio pesaba sobre la ciudad. Doña Pancha tenía demasiados años para comprender que dos recién casados, más que aire, más que alimentos, necesitan soledad. Por esta razón, ella dio a los novios las buenas noches y se despidió.

Fernando, sentado en la ventana, cerca de Adelita, empezó a conversarle en voz baja:

—Ahora eres mía —le dijo—. Mía para siempre.

Ella le contemplaba, sin retirar las manos, con los ojos llenos de ternura.

Después, Fernando se le quedó viendo con una mirada larga y sostenida.

—Me arrepiento de lo que hice contigo —le dijo.

—El pasado no me importa —le respondió Adelita entre dos toses...

—¿Qué quieres decir? —le preguntó Fernando.

—Nada —le contestó Adelita y lo miró intensamente.

—¿Acaso no eres feliz? —volvió a preguntar.

—Tan feliz, tan inmensamente feliz que solamente si me hubiese casado en Santa Clara sería más feliz que ahora.

—¿Y así dices que el pasado no te importa? —le preguntó él.

Adelita no contestó.

Desde lejos venía el ladrido de un perro, y un auto, dificultosamente, pasó, dando tumbos sobre la callejuela empedrada.

—Ahora que ya estamos casados —dijo Fernando—, nuestra divisa será la resignación, la indulgencia universal.

Comprendió que hacía mal en hablar de resignación, ahora cuando empezaban a vivir su vida de casados. Para enmendar la plancha, le preguntó a Adelita que cómo se sentía y le participó que antes de acostarse, iría a traer la medicina a casa del Dr. Ríos Herrera.

—¿Me vas a querer siempre? —le preguntó Adelita, tendiéndole la mano.

Fernando se apresuró a llevársela a los labios. Algún tiempo después, Adelita había caído en los brazos de Fernando y éste le besaba los pómulos, los párpados, la boca, los ojos...

Los dos permanecieron así en silencio. Al cabo de mucho rato, Adelita volvió a hablar:

—¡Pobrecita mi mamá! ¡Qué feliz se va a poner cuando sepa que soy tu esposa!

—Creo que no lo sabrá muy pronto —respondió Fernando.

—¿Por qué? —preguntó Adelita.

—Ya sabes, está en la cárcel, incomunicada. Don Joaquín y yo hemos pensado pedir una audiencia con el presidente, a ver si la ponen en libertad. El general Reyes es un esbirro, un criminal, un cobarde. ¡Dios mío, cómo me gustaría que Reyes cayera en manos de Cardoso!

—Mañana debemos irnos, Fernando —suplicó Adelita—. Es absurdo que nosotros nos sintamos tan felices mientras mamá y Héctor están en la cárcel.

—Hablaré de eso con el doctor —respondió Fernando—. Si el parto ocurre allá, te puedes ver muy mal; aquí hay médicos y hospitales.

La casa, llena de sombras, permanecía hundida en profundo silencio. Doña Pancha se había ido a acostar y había apagado todas las luces. El único ruido que se oía era el de un gatito que jugaba con un ovillo de hilo debajo de una mesa. También se escuchaba la respiración fatigada de don Joaquín y el señor Ochoa, en la pieza siguiente.

—¡Qué bueno es don Joaquín! ¿No te parece, Fernando?

—Hombres como él no hay dos en el mundo. Nosotros tenemos que quererlo mucho. Tenemos que ser como hijos, así como él dice.

—Yo lo voy a querer mucho, mucho, Fernando.

—Yo también. ¿Sabes lo que yo creo? Que el pobrecito se siente muy solo, necesita un cariño.

—¡Tan tonto! Se hubiera casado, ahora tendría hijos y tendría una esposa. ¿No te parece?

—¡Vieras!, en el camino, cuando veníamos, me habló de ti y me habló del matrimonio...

—¿Eh? ¿Qué te dijo?

—Me decía que el matrimonio es capaz de hacer feliz a cualquier hombre y que él se ocupará de ello. Dice que si él no se casó, eso se debió a su temperamento. Dice que hay hombres que no se casan por falta de oportunidad, pero que él no se casa por temperamento o por educación. Dice que desde niño fue amigo de la meditación, de la soledad, de la introspección y que quizás por eso es demasiado egoísta para interesarse por una esposa.

—¿Entonces no nos va a querer a nosotros?

—No, dice que eso es lo que pensó en el pasado, pero que ahora se siente muy solo... Dice que él no ha nacido para actor sino para observador. También me dijo que yo tengo otro carácter. Que yo estoy llamado a casarme, a tener hijos, a ser actor en la vida y que por eso, seré más feliz que él. Que él se preocupa mucho por las cosas de los demás.

—Eso es cierto.

—Dice que hay que tener hijos y que hay que ser amante del hogar. Y dice que la mujer es madre por instinto. Que la mujer desea, sobre todo, hijos.

—Eso es cierto.

—Dice que en una novela de Tolstoy, una heroína ha dicho: «No queréis ver en nosotras más que un objeto sensual. Sea, pues, por los sentidos nos apoderamos de vosotros.»

—Eso también es cierto.

—Dice que tú y yo tenemos que vivir siempre al lado de él. Dice que quiere tener gente nueva en su casa. Que él quiere hacer el papel de abuelo...

—¡Ja! ¡ja! ¡ja! ¡Tan bueno don Joaquín!

—Dice que le falta un cariño adentro, que se siente muy solo. Dice que él es como uno de esos árboles que se quedan abandonados en mitad del llano... Que hay un vacío en su alma y que quiere que nosotros lo llenemos.

—¡Pobrecito! Yo lo voy a querer mucho, mucho.

—Yo también.

Los dos quedaron largo tiempo en silencio. Por fin Fernando se levantó nerviosamente y, sacando el reloj de su chaleco, dijo:

—Es tardísimo y tenía una cita con el Dr. Herrera. Voy a pasar por la farmacia para ver si aún está abierta.

Adelita se le tiró al cuello y los dos se besaron largamente. Después Fernando empezó a caminar y Adelita lo acompañó hasta la puerta.

—¡Adiós, vidita! —le dijo él.

—¡Adiós, amorcito! —le respondió ella, y luego:— No tardes mucho; te espero.

—No, cuando vuelva ya debes estar acostada —le dijo él.

Ella se echó a reír. Puso un beso sobre la palma de la mano y se lo sopló.

Él regresó, la volvió a apretar nuevamente entre los brazos y después empezó a caminar por la oscura calle.

Adelita tenía una gran necesidad de estar sola y quiso aprovechar la oportunidad mientras Fernando estaba ausente. En vez de irse a acostar, volvió a la ventana y permaneció allí. Había pasado durante aquel día con una gran necesidad de pensar, pero de pensar libremente.

¿USTED CONOCIÓ A MI PAPÁ?

—¿Qué era lo que deseaba? —se preguntó Adelita—. Deseaba pensar una cosa, pero no me acuerdo. ¡Ah!, quería pensar en que estoy casada, que soy feliz, y sobre todo qué cosas debo hacer para que Fernando me quiera siempre... Desde mañana pondré en práctica lo que pienso hacer. Cuando esté enojado, yo no discutiré con él, por el contrario, seré tolerante. Cuando él desee conversar, yo conversaré aunque no me sienta bien, aunque esté de mal humor. Trataré de adivinar sus gustos para hacerlo feliz. Si a él le gustan ciertas comidas, yo se las cocinaré y si a él le gustan ciertos juegos o ciertas cosas que yo ignoro, las aprenderé para que encuentre interés en mí. Me dedicaré a hacerlo feliz. Ese es el secreto de la mujer casada. Haciéndolo feliz yo a él, él me hará feliz a mí.

Un golpe de pasos y luego una silla que rodaba por el suelo vino a sacar a Adelita de sus pensamientos. De pronto, una sombra larga y flaca apareció en medio de la pieza. Adelita no pudo contenerse y lanzó un grito de miedo. La sombra se acercó y Adelita, temblando terriblemente, se agarró a la ventana. La sombra se iba acercando y Adelita estuvo a punto de perder el conocimiento. Iba a dar un nuevo grito, cuando la sombra se acercó y con la ayuda de la luz que venía de la calle, ella pudo ver que era el pobre señor Ochoa, que se había levantado y que andaba a tientas, como un sonámbulo.

—¡Qué susto me ha dado! —dijo Adelita.

—¡Ah! Es usted —dijo él, y se dejó caer en una silla.

El hombre estaba desvanecido y adormitado. Se pasaba las manos por los ojos como si tratara de despertar. Y al mismo tiempo observaba a Adelita con atención, como si tratara de reconocerla.

—¿Está usted sola? —le preguntó.

—Sí, ¿por qué?

—¡Ah!... ¡nada!

—¿Se siente mejor? ¿Desearía una taza de café?

—¡Oh, no! En la noche no tomo café.

El hombre acercó una silla y se sentó.

—Usted y don Joaquín cayeron antes de que terminara la fiesta...
¡Ja, ja, ja!

—Sí, es decir, don Joaquín. Yo me siento bien. Me dormí un poco,
pero ya me siento bien.

—Se ve que ni usted ni don Joaquín tienen la costumbre de beber.
¡Son lo mismo que unas señoritas! ¡Ja, ja, ja!

—Yo no bebo. A Manuel lo reprendía siempre por su tendencia al
vicio, pero él nunca me hizo caso.

—¿Qué Manuel? —preguntó Adelita.

—¿Qué Manuel? ¡Tu papá!

—¿Mi papá?

—El mismo.

—¿Usted lo conoció?

—¡Cómo no lo iba a conocer!

—¡No le entiendo!

—¡Pues claro! Yo lo conozco a él así como tú conoces a Héctor.

—¿Pero por qué me trata usted de tú y cómo sabe usted que yo
tengo un hermano que se llama Héctor?

—Te hago la comparación entre tú y Héctor porque supongo que
Héctor es tu hermano, a menos que no lo quieras aceptar como tal.

—Sí, pero usted no es mi pariente, para que me trate de tú.

—¿Quién dice que no soy?

—¿Quién es usted?

—Crescencio Villafranca.

—¿Crescencio Villafranca?

—El mismo.

—¿Usted es tío Crescencio?

—¡El mismo, hija!

—¿Pero no dijo usted que se llamaba Ochoa, Atanasio Ochoa?

—Dije, pero yo no soy Ochoa; yo soy Villafranca.

—¿Pero por qué es que usted nunca llegó a Santa Clara?

—Tu papá te contaría; yo abandoné la familia desde que nuestro
padre se casó, porque yo soy hijo natural. La mamá de Manuel no es
la mía.

—¿Y por qué dijo usted que se llamaba Ochoa, el señor Ochoa?

—Eso es lo que te quiero contar.

—Sí, sí, pero antes cuénteme de mi papá. Usted dice que lo vio. ¿Usted viene de El Salvador?

—Eso mismo. Él vivió en mi casa.

—¿Usted vive allí?

—En Santa Ana.

—¿Usted es casado?

—Casado.

—¿Y tiene familia?

—Dos niños varones.

—¡Pero qué extraño es todo esto! ¿Y cómo puede comprobar que es mi tío?

—Tengo documentos. Soy Crescencio Villafranca.

—¿Y mi papá no escribió algo, alguna carta para mí o para mi mamá?

—No. Murió inesperadamente.

—¡Ajá! Bueno, ahora cuénteme todo. Es la primera vez que tenemos noticias. Cuénteme todo y también quiero saber cómo supo que nosotros estábamos aquí y cómo oyó hablar de don Joaquín y todo, todo.

—Supe que ustedes estaban aquí por el diario que saludaba a don Joaquín. Dije que me llamaba Ochoa porque me conviene decirlo. Don Joaquín no sabe todavía quién soy. No le quise decir quién era porque quiero descubrir una cosa muy importante y por eso mismo me cambié el nombre. Bueno, eso te lo explicaré después. Lo importante es que tú sepas cómo vivió y murió tu padre en mi casa, es decir, al lado de su hermano.

—¡Ajá!

—Manuel llegó a mi casa sin que yo lo esperara desde la época en que él las abandonó a ustedes. Yo tengo un negocito en mi casa, un negocio como representante de una casa norteamericana, y allí lo empleé. Durante los primeros años todo marchó perfectamente, pero Manuel no andaba bien de la cabeza, hablaba de que sufría, de que era un fracasado, de que tú no eras su hija, de que el día menos pensado se iba a matar.

Por fin se dio a la bebida. Primero empezó a beber a escondidas mías y por fin en mi propia cara. De eso, precisamente, hemos estado hablando con don Joaquín. Pues yo le reprendí mucho. Le dije que eso no estaba bien y no sé cuántas cosas más. Siempre hablaba mal de tu mamá y decía que no volvería nunca a vivir con ustedes. Un día me contó que tenía una propiedad, una pequeña hacienda cerca de Santa Clara y que él había heredado de nuestro padre.

—Si yo me muero, esa hacienda va a quedar en manos tuyas —me decía siempre.

—No —le contestaba—, tienes una hija y ella es la que tiene derechos a la herencia del padre.

Un día me llamó y me dijo que, efectivamente, el testamento estaba a nombre tuyo, como hija de él, y que lo tenía don Joaquín. Así es como supe el nombre de este señor. Además, don Joaquín ha puesto un aviso en el diario preguntando por Crescencio Villafranca.

—¿Pero don Joaquín nunca me ha dicho nada? —dijo Adelita.

—Mal hecho, mal hecho —respondió el hombre—. Me dijo que en el testamento nombraba a este señor don Joaquín como tu tutor. Pero que había ciertas condiciones en el testamento y que si éstas no se llenaban, la propiedad sería mía.

—¡Ajá!

—Yo vine, sobre todo, por conocerte y conocer el documento. Fue idea del mismo Manuel que yo me presentara sin decir quién era.

—¿Pero por qué?

—¿Por qué? Esto es lo difícil, Manuel tenía ciertas dudas de que tú no eras su hija...

—¿Que yo no era su hija? ¡Usted miente!

—Es la verdad, niña. El mismo don Joaquín lo sabe.

—¿Pero por qué iba a tener dudas de que yo no era su hija?

—¿Por qué? Tú conoces, sin propósito de ofenderte, la conducta de tu madre.

—¿Mi madre?

—Sí. Manuel y el mismo don Joaquín me han dicho que no goza de buena reputación.

—¿Y seguramente usted está deseando que yo no sea hija de Manuel Villafranca para que en ese caso usted se quede con la hacienda?

—No, mi querida sobrina. Yo simplemente cumplo con la recomendación de él. Sabía que don Joaquín era un hombre honrado, pero Manuel quería que yo viniese para ver si el testamento se ponía en efecto como él lo deseaba y como en el mismo documento se explica.

—Pero qué extraño que don Joaquín, que me quiere tanto y que es el símbolo de la honradez, no me haya dicho nunca que él tiene ese testamento.

—Tal vez para no ofender a tu madre, porque a ella no le deja ni un centavo.

—¿Quiere usted que vaya a hablarle a don Joaquín?

—Oh, no, no. Ya es muy tarde, mañana será otro día. Déjalo que duerma. Yo tengo que presentármele como Crescencio Villafranca y pedirle excusas por haberle dicho que mi nombre es Ochoa.

—¿Pero por qué ha dicho usted que su nombre es Ochoa?

—Te repito, fue idea de Manuel. Pensó que si yo me presentaba como un extraño, don Joaquín podría decirme realmente lo que pensaba.

—No le entiendo, don Joaquín es un hombre honrado.

—Es decir, decirme si había comprobado que Manuel fue tu papá y también si había hablado acerca del testamento contigo y con tu mamá. También si había tratado de descubrir en dónde vivía Crescencio Villafranca, es decir yo, el hermano de Manuel. Porque, como te digo, en el testamento se menciona mi nombre. No es que yo venga por mi parte de la fortuna, sino porque como hermano, me intereso. Tú comprendes que si yo desde un principio hubiera dicho: "Soy Crescencio Villafranca", don Joaquín me hubiera visto de otra manera. Hubiera creído que yo venía a pelear por la fortuna de mi hermano y además tampoco hubiera descubierto lo que descubrí.

—¿Qué descubrió?

—Que tu padre fue Manuel y que se ha interesado en encontrar a Crescencio Villafranca, pero ha fracasado.

—Pero si está usted seguro de que su hermano fue mi padre, ¿para qué lo ha buscado a usted?

—Eso es lo que yo no entiendo.

—Y yo, hasta que converse con don Joaquín, no podré entender todo este lío.

—Sobrina, tú debes estar segura de dos cosas: de que si Manuel fue tu padre, la fortuna te pertenece. Y de que no seré yo quien te va a molestar. A pesar de que ese pequeño desliz con tu marido también te perjudica para la validez del documento, porque, según dice don Joaquín, hay una cláusula en el documento que se refiere a eso. Pero aunque así sea, se pasará por alto, hasta que se hayan casado. Lo único que yo podría pedirte, después que la hacienda llegue a tus manos, sería una pequeña remuneración por los gastos que me ocasionó Manuel. Es verdad que yo fui su hermano, pero tengo familia y soy pobre. Además, tú eres su hija, que recibe una herencia de él.

—Sí, ya veo que anda usted tras el dinero. No creo, señor Ochoa, no creo que sea usted mi tío. Es mejor que se retire, mi marido no tarda en regresar, soy una recién casada y aunque no lo fuera...

—Perdóname, hijita, te he molestado. Dios sabe que mi intención no era tratar hoy este asunto sino después de algunos días, pero como te encontré tan sola en el momento en que yo me iba para la posada...

—Buenas noches, señor.

—Buenas noches, sobrina. No te molestes con el asunto, yo mismo le haré una aclaración completa mañana a don Joaquín y le referiré la conversación que hemos tenido.

Adelita no contestó y la puerta se cerró detrás del hombre que salía. Adelita escuchó entonces unas voces que venían de la calle.

—¡Buenas noches!

—¡Buenas noches! ¿Se va usted, señor Ochoa? ¿No desea pasar la noche en nuestra casa? Quizás doña Pancha le pudiera preparar una cama.

Adelita reconoció la voz de Fernando y con intranquilidad, temerosa de que el visitante aceptara la invitación de su marido, gritó:

—¡Fernando! ¡Fernando! ¡Te quiero decir una cosa!

—¡Ya va! —respondió el marido, con enojo por haberlo interrumpido.

—No, señor don Fernando —respondió el visitante al cabo de un rato—, sería abusar de la generosidad de ustedes. Por otra parte no hay necesidad, puesto que vivo en una pensión que está situada a dos cuadras de aquí.

Fernando insistió, pero el otro rehuyó aceptar y, un momento después, el señor Ochoa se perdía en la calleja oscura, mientras Fernando besaba el cuerpo helado y tembloroso de Adelita.

—¿Qué te pasa, por Dios, amorcito? ¿Qué te pasa?

—Nada, Fernando, vamos a acostarnos, quiero descansar.

—Estás mal. Tiemblas como un azogue; acabo de despedirme del doctor Herrera, todavía hay tiempo de ir a traerlo para que te dé una medicina.

—No, por Dios, Fernando, estoy cansada, eso es todo.

Fernando agarró a su mujer en peso y se la llevó a la cama. Después, Adelita, entre lágrimas, relataba en detalle el incidente ocurrido con el señor Ochoa. Fernando se echó a reír y aquello consoló mucho a su consorte.

—¿Crees tú que efectivamente ese hombre es tío Crescencio? —le preguntó.

—¡Qué va a ser! —contestó Fernando con una nueva carcajada— mañana, en cuanto me levante, se lo voy a contar a don Joaquín y vas a ver cómo se va a reír.

—¡Es un impostor! ¡Es un impostor!

Y al cabo de un rato volvió a reír Fernando:

—¡Ja, ja, ja! Qué divertido, el señor Ochoa se transformó de pronto en tu tío Crescencio. ¡Es un impostor! ¡Es un impostor! ¡Ja, ja, ja, ja!

Adelita durmió toda la noche, pero el sueño no le pudo recuperar las fuerzas perdidas.

Tan pronto como Fernando despertó, corrió a saludar a don Joaquín y a contarle el incidente ocurrido entre su esposa y el señor Ochoa.

Al contrario de lo que Fernando suponía, don Joaquín colocó a un lado los zapatos que se estaba poniendo y se quedó mirando a Fernando.

—¡Es un impostor! —dijo Fernando.

—Tal vez no, hijo —respondió don Joaquín.

—¿Y entonces por qué dijo que se llamaba Ochoa?

—Razones tendrá —replicó don Joaquín.

Don Joaquín permaneció hundido en sus pensamientos y Fernando quedó observándolo.

—¿Usted como que se preocupa por ese hombre? —preguntó Fernando.

—No, hijo —respondió don Joaquín—. Es que podría suceder que este hombre fuese Crescencio Villafranca, el hermano de Manuel.

—¿Y supongamos que fuese? ¿Qué tiene?

—He puesto un aviso en el diario preguntando por el paradero de este hombre.

Y al rato:

—¿Dijo que iba a volver? —preguntó.

—Sí.

—Si no estoy, que me espere. Necesito urgentemente hablar con él.

—Muy bien.

—Llamemos a Adelita. Que me cuente en detalle lo que ocurrió.

Adelita vino y conversó largamente con don Joaquín. Después, don Joaquín manifestó que tenía de antemano dos entrevistas de gran importancia y se despidió manifestando que estaría a la hora del almuerzo, pero que si el señor Ochoa volvía antes, que lo esperara.

El señor Ochoa volvió efectivamente y esperó a don Joaquín cuatro horas. Finalmente don Joaquín retornó y se encerraron en una pieza a conversar los dos hombres solos. En la entrevista se llegó al siguiente acuerdo: que el señor Ochoa debería presentarse dentro de tres meses en la ciudad de Santa Clara, con todos los documentos, probando que él era Crescencio Villafranca. Que en caso de que tal viaje le costase pérdida de dinero en vez de ganancia, don Joaquín se haría responsable de los gastos incurridos y del valor del tiempo perdido.

Don Joaquín se sentó a comer. Eran las dos y cuarenta y tuvo que almorzar solo. De pronto tocaron la puerta y un oficial se presentó manifestando a don Joaquín que el señor Ministro de Guerra deseaba hablar urgentemente con él. Don Joaquín abandonó nerviosamente la mesa y se dirigió a Palacio.

No volvió sino hasta muy tarde de la noche. En balde lo esperaron doña Pancha, Fernando y Adelita. Don Joaquín retornó muy rendido, con el rostro pálido y sumamente preocupado.

—¿Qué le pasa, don Joaquín? ¿Cómo que se siente mal? —le preguntó doña Pancha.

—No, simplemente que he trabajado todo el día, comunicándome telegráficamente con Santa Clara.

—¿Con Santa Clara? ¿Qué pasa?

—Sí, tenemos malas noticias. Cardoso se tomó esta madrugada a Santa Clara. Por las noticias que tenemos, Cardoso asesinó al general Reyes en un pleito cuerpo a cuerpo. Extraño que los dos jefes hayan llegado a pelear tan cerca, pero esas son las noticias que vienen y parecen confirmarse. Así es que el general Reyes ha muerto y Cardoso es ahora el jefe de la plaza, pero como todo el país está en manos del gobierno, el señor Ministro ha ordenado refuerzos de todas partes y ahora al pobre Cardoso lo han rodeado y no tiene por dónde escapar. El gobierno le pide que se rinda, pero Cardoso responde que no se rendirá hasta morir y que todos sus compañeros morirán con él. Cardoso tiene todo su ejército metido en el cuartel y en los cerros vecinos.

Como ustedes saben, la plaza de Santa Clara es inexpugnable. El gobierno sabe que ha ganado o que ganará, pero al mismo tiempo comprende que de Cardoso solo podrá apoderarse a fuerza de derramamiento de sangre porque, como les digo, la plaza es inexpugnable y el derramamiento de sangre es lo que se quiere evitar. Seguramente alguien le aconsejó al señor Ministro que se entendiera conmigo y es así como él me mandó a llamar para que yo, como amigo que soy de Cardoso, hablara con él en nombre del gobierno.

He pasado toda la tarde en comunicación con Cardoso, pero parece que insiste en que no se rendirá. El cuartel es una completa muralla y difícilmente lo sacarán de allí, solamente que lo maten por hambre. Finalmente el señor Presidente, al ver nuestros resultados infructuosos, me ha mandado a llamar y me ha dicho: «Tenemos todo el país en nuestras manos. La revolución ha sido un completo fracaso. La caída de Santa Clara en manos de José Cardoso no nos preocupa porque Cardoso se ha encarcelado él solo. Pero no quiero mayor derramamiento de sangre. De manera que se dictará inmediatamente un acuerdo nombrándolo a usted intermediario para que, como amigo que es de Cardoso y del gobierno, pueda arreglar la dificultad pacíficamente. Así es que usted saldrá esta misma noche para aquel lugar y en caso de que fracase, las fuerzas que tenemos alrededor de la ciudad, con sentimiento mío, tendrán que atacar. Debo decir a usted —me dijo también— que dos de los periódicos vespertinos abogan porque usted vaya allá en misión de paz y en ese sentido publicarán editoriales el día de hoy.»

Don Joaquín, que se encontraba profundamente emocionado, dijo al terminar:

—Adelita, prepárame mi valija porque dentro de una hora saldré.

—¿Y usted va solo, don Joaquín?

—No, hija, voy con una fuerza armada, pero no soy el general en jefe —dijo guiñándole un ojo a Fernando.

—¡Dios mío! ¡Dios mío! —gritó Adelita— ¡Y a todo esto no se me había ocurrido pensar en mi pobre mamaita y en Héctor!

—¿Por qué te preocupas? —preguntó don Joaquín— ya están cerca de Cardoso, puesto que Cardoso se ha tomado el cuartel. Además, supongo que lo primero que ha hecho Cardoso es poner en libertad a tu mamá y a su hijo.

—¡Está claro! —confirmó Fernando, con una mirada de convencido.

—Pero lo que yo no me explico —volvió a hablar don Joaquín sin que la emoción lo dejara libre— lo que yo no me explico es cómo ha hecho Cardoso para tomarse esa plaza. Ustedes saben que la revolución ha perdido por todas partes, que el único revolucionario que aún permanece en el país es Cardoso, y que por eso mismo todas las fuerzas del gobierno lo persiguen. Que éste no sólo ha evitado que lo capturen sino que logró tomarse una de las plazas más inexpugnables con que cuenta el gobierno. ¡No me explico cómo ha hecho este hombre!

—Es que Cardoso es muy valiente —contestó Fernando.

—No se trata de ser valiente, en este caso —replicó don Joaquín—, es cuestión de astucia; pero aun así no sé cómo ha puesto en práctica su astucia. Además, no me explico la muerte de Reyes; todo esto es un completo misterio. Precisamente deseo llegar pronto a Santa Clara para informarme.

—¿Y nosotros nos quedamos? —preguntó Adelita.

—Las recién casadas no viajan —respondió don Joaquín, guiñándole el ojo a doña Pancha.

—¡Qué falto de noticias está usted! ¡Por eso es un solterón! ¿No le da vergüenza? Los recién casados van a pasar su luna de miel a París, a Venecia...

—¿Ya se les olvidó? Les dije a ustedes que me llamaran papá.

—¡Ah!, pues, como le iba contando, papá...

—¡Ah! —gritó don Joaquín—, vea qué memoria la mía. Se me olvidaba el regalo de boda. ¡Vean ustedes qué memoria!

Don Joaquín salió corriendo hacia su dormitorio y Adelita quedó dando saltos de gozo, mientras Fernando también sonreía con optimismo.

—Usted debe saber qué cosa es, doña Pancha. ¡Díganos!

—¡No sé, no sé; se lo juro! —decía doña Pancha.

—¡Mi regalo no es tan muy bueno como el que les consiguió doña Pancha! —gritó desde el otro cuarto don Joaquín— ¡pero algo es algo!...

—¡Cierren los ojos! —dijo doña Pancha.

—¡Sí, que cierren los ojos y que abran la boca! —repitió don Joaquín, que en ese momento venía de su dormitorio, con las manos detrás, como si las trajera ocupadas.

—¡Ay!, esto sí es cosa de correr —dijo Adelita con desconsuelo.

Don Joaquín le guiñó el ojo a doña Pancha y los dos se echaron a reír.

—Si es algo de comer, mejor —dijo Fernando— ya saben que yo siempre tengo buen apetito.

Don Joaquín se acercó:

—¡No abran los ojos! Ya sé que Adelita los va a abrir, porque las mujeres son muy curiosas. Pero si los abre, no le doy nada.

—¡Dios mío, ya no soporto la curiosidad! —dijo Adelita.

—¡Hum, qué martirio femenino! —respondió don Joaquín.

Don Joaquín puso los regalos en la mesa.

—El de la derecha es el de Fernando y el de la izquierda es el de Adelita. ¡Abran los ojos!

—¡Ah-h-h-h! —gritó Adelita— ¡Qué divinidad!

—¡Qué gusto el suyo! —dijo Fernando, estrechando fuertemente la mano de don Joaquín, con una sonrisa llena de carácter y simpatía varonil.

—Me adivinó el pensamiento —agregó.

—¡Qué encanto! ¡Qué lindura! —decía Adelita.

El regalo de Fernando consistía en un elegante y bellísimo reloj de oro legítimo, con una cadena también de oro y con sus argollas artísticamente eslabonadas.

El regalo de Adelita consistía en un grande estuche con todas las prendas de tocador, y lo mismo que el reloj de Fernando, cada objeto llevaba las iniciales respectivas. Unido a este obsequio había un elegante sobretodo de piel de tigre, con el forro de raso negro, finísimo.

En medio de las exclamaciones de júbilo, la bocina de un automóvil sonó en la puerta.

—¡Dios mío! ¡Dios mío! —gritó don Joaquín— ¡El automóvil está esperándome y Adelita no me ha preparado nada!

—¡Allá vamos! —respondió doña Pancha, y detrás de doña Pancha salió corriendo Adelita, a prepararle la valija a don Joaquín. Un momento después don Joaquín se despedía. Besó paternalmente a Adelita en la frente, le dio la mano a Fernando y a doña Pancha. Adelita le entregó una carta, que había escrito a la carrera, para su madre.

—¡Un millón de besos para todos! —dijo Adelita.

—Yo, como ya no tengo más familia que Adelita, a nadie le puedo enviar besos —dijo Fernando con mirada de sincero dolor y un ojo.

Don Joaquín comprendió lo que Fernando quería decir y sonrió.

—¡Adiós, doña Pancha! —dijo— ¡Cuídeme esa pareja, a usted se la recomiendo!

—¡No tenga cuidado, señor! —respondió doña Pancha, y el automóvil partió.

Efectivamente, los diarios de esa noche publicaban el retrato de don Joaquín en medio de las noticias telegráficas que venían de Santa Clara. Al hablar de don Joaquín, señalaban su moralidad y desinterés. Comentaban que era el mejor enviado de paz que el gobierno pudo haber escogido para que se entendiese con Cardoso.

Los periódicos llenaban casi todas sus páginas con noticias de Santa Clara y en las calles se hablaba mucho del cuartelazo.

Don Joaquín tuvo que viajar gran parte de la noche en automóvil, para proseguir el resto del camino a lomo de mula. Sus compañeros eran soldados y varios oficiales, entre los cuales iba uno muy chistoso, que le hizo el viaje agradable. La marcha fue muy forzada; deseaban poder llegar antes de que las hostilidades se rompieran, para poder conversar con Cardoso y convencerlo de que la actitud que tomaba era absurda, de que el único remedio que le quedaba era rendirse, puesto que las fuerzas del gobierno lo rodeaban por todas partes. Que si no se rendía, la muerte suya y la de miles de personas inocentes sería un hecho; pero que si se rendía, posiblemente se le respetaría la vida, pues el mismo don Joaquín traía autorización para llegar a un convenio favorable a ambas partes, aunque, desde luego, Cardoso tendría inexorablemente que ser juzgado por un Consejo de Guerra...

Cardoso supo que don Joaquín venía a hablar con él en representación del gobierno, pero seguramente creyó que entre él y el gobierno, después de haber asesinado al general Reyes con su propia mano, no se podría llegar a ningún acuerdo favorable. El día siguiente que don Joaquín salió de la capital, Cardoso resolvió jugarse la vida y tratar de abrirse paso en medio de la línea de fuego del enemigo. Así lo hizo, salió con la línea de su ejército que estaba en el cuartel, ordenó a los retenes en los cerros que atacaran y todos, como un solo hombre, se lanzaron denodadamente a una pelea absurda. Como es natural, ni uno solo de los revolucionarios pudo huir. El gobierno había rodeado con una muralla de rifles y de cañones toda la ciudad. Centenares de revolucionarios murieron y uno de los que primero cayó, con una bala en el corazón, fue el propio Pepe Cardoso. Los que no murieron fueron capturados.

Don Joaquín y los suyos tuvieron conocimiento de la muerte de Cardoso cuando estuvieron a un día de distancia de Santa Clara. Allí, en el pueblo de San Ignacio, antes de continuar o regresar a la capital, permanecieron tres semanas esperando nuevas órdenes del gobierno.

«Mi querido don Joaquín:

He sufrido tanto, tanto, que sólo con lágrimas podría llenar lo que no puedo expresar aquí. En la cárcel, Héctor se me moría de una grave enfermedad y la llegada de Pepe fue la salvación del hijo, pero la muerte del padre. Él cometió la temeridad de meterse en Santa Clara, únicamente para salvar la vida de Héctor. ¡Ya usted sabe cómo lo quería! Pudo vengarse, eso es cierto, porque mató al esbirro general Reyes, que se había propuesto que Héctor se muriera en la cárcel únicamente porque era hijo de José Cardoso. No tiene idea, don Joaquín, cómo pudo saber Pepe lo que el infame general Reyes hacía conmigo y con Héctor. Algún día lo sabrá en detalle. Este favor se lo debo a Carlos Amaya, que ha sido tan bueno con nosotros. Pero se lo debo indirectamente a Paco. ¿Se acuerda de Paco? ¿Se acuerda del enojo entre Paco y el general, por aquella Herminia con quien Paco deseaba casarse y que después el general Reyes deshonró? Pues Carlos Amaya quiso explotar este enojo y lo consiguió de la mejor manera.

Mi hijito se me moría en la cárcel; Carlos estuvo a vernos varias veces; se indignó con el general Reyes. Fue a verlo para que nos pusiera en libertad y fracasó. Tanto le indignó la crueldad de Reyes que dispuso comunicarse con Pepe y elaborar un plan por medio del cual Pepe se pudiera tomar la plaza. Lo que Carlos hizo fue arreglar esto con Paco. Como usted sabe, Paco trabajaba en la Comandancia de Armas; pues lo que hicieron fue falsificar la firma de Reyes en una nota, ordenándole al mayor de plaza que escondiera todo el armamento, hasta segunda orden. Además, Paco dormía con Reyes, y el general Reyes, mientras dormía la siesta, quedó prisionero en su pieza, porque Paco le echó llave. A todo esto, Pepe venía volando contra Reyes, pues ya tenía las noticias de Paco de que a mí y a Héctor nos tenían presos. De manera que cuando Pepe atacó, fue precisamente en el momento en que las armas estaban encerradas. ¡Parece mentira! Y el general Reyes estaba prisionero con llave. El único que disponía de la situación era Paco. Pepe entró como Juan en su casa y cuando por fin los soldados se armaron, ya Pepe había tomado la plaza. Después el general Reyes consiguió salir rompiendo la puerta, pero sólo para morir a manos de Pepe, que vino a su encuentro furibundo de cólera...

Héctor y yo salimos conducidos por la mano de Pepe. Lo único que él me dijo fue:

«—Vengo a jugarme la vida. ¡Esta es una aventura temeraria! ¡Dile a Paco que huya, porque no se salvará!...»

Paco se escapó. Cuando usted vuelva le contaré en detalle todos los pormenores.

Le saludo llena de honda pena por la muerte de Pepe, pero agradecida con usted por el matrimonio de Adelita.»

Soledad Villafranca.

Don Joaquín, antes de averiguar si continuaría el viaje a Santa Clara, allí mismo, en San Ignacio, contestó la carta de Soledad. Le manifestaba su sentimiento por la muerte de Cardoso, comentaba la aventura y al final decía con mucha emoción:

«El hogar que Adelita y Fernando formarán en mi casona de Santa Clara será motivo de alegría y eterna felicidad para mí. Si usted es la madre, yo espero ser el padre de Adelita. No solamente porque mi corazón me dicta ese sentimiento, sino porque... aquí hay un viejo secreto que deseo confiarle, Soledad. Ha llegado el momento de una revelación que acaso no sospeche, pero que, a causa de una promesa de silencio que hice a su esposo, no pude hacer antes.»

»Su marido se presentó una noche dramáticamente en mi casa, un año después de su famosa partida. Venía exclusivamente a redactar su testamento a favor de Adelita y se me nombraba a mí, tutor. En algunas de las cláusulas del documento, se prohibía que le confiara a usted la existencia del mismo, hasta el instante en que se hiciera efectivo. Usted que lo conoció, dirá: «Cosas propias de Manuel». Pues bien, esa noche, después que redactamos el testamento, le prometí a Manuel ser no solamente el tutor, sino un padre afectuoso de Adelita. En la capital he creído encontrarme con Crescencio, el hermano de su difunto marido. Adelita le hará copartícipe de la fortuna, es decir, de la hacienda de San Nicolás, si este señor prueba que es el hermano auténtico y que atendió a Manuel en sus últimos años de ostracismo y sufrimientos. Innecesario es decirle que aunque Manuel no menciona el nombre de usted en el testamento, basta que usted pertenezca a la nueva familia para que reclame justamente sus derechos. Y que la vida siga, como antes, su curso.

Servidor y amigo,   Joaquín Ramos.

Al hacer el regreso, tres meses después, a Santa Clara, se celebró el bautizo de Joaquincito, primogénito de Fernando y Adelita. Entre los presentes se encontraba el señor Crescencio Villafranca, que había comprobado ser el auténtico hermano de Manuel. También estaban allí Soledad y Héctor, don Domingo, doña Encarnación, Carlos Amaya, etc.

No obstante, llamaba la atención la ausencia de los padres de Fernando. Se elogiaba con entusiasmo el dichoso hogar que Adelita, Fernando y el primogénito habían formado al lado de don Joaquín. Carlos Amaya, conversando a solas con el jefe de la casa, le decía:

—En el tronco del viejo roble ha retoñado una verde rama...

—En el tronco del viejo roble, hay un nido —repitió.

Don Joaquín se quedó pensativo y al rato respondió:

—¿Por qué me comparas con los robles, hombre?

—Porque usted es un símbolo de la fuerza moral, de la integridad. Pudiendo ocupar magníficos puestos, prefiere vivir abandonado, pero íntegro en su fuero moral. Ha logrado lo que es raro en nuestro país: hacer honor a sus convicciones... Este nuevo hogar es la rama de un roble, yo se lo he dicho a Fernando y a Adelita cuando los encuentro en la calle, felices, inmensamente felices, y los dos me han contestado, con lágrimas de satisfacción:

—¡Qué hermoso y qué cierto es eso, Carlos!

—Escucha, hombre; tú sólo quieres ver mis cualidades, pero nunca mis defectos. Precisamente estaba pensando en que aquí hemos vivido un cierto número de personas que somos símbolos de la descomposición del organismo social de nuestro país. Ese grupo de personas simboliza nuestros problemas sociales: las revoluciones militares, el alcoholismo, el analfabetismo, los hijos sin padre y la incapacidad para la acción. Fíjate bien: Cardoso representó la revolución militar, Manuel Villafranca representó el alcoholismo, Soledad... el problema de los hijos sin padre; Damián Luna, que apenas sabía firmar, simbolizó el analfabetismo, y yo, el hombre incapaz para la acción. ¿Acaso no te he dicho que tengo muchos ideales bellos, pero que me siento incapaz de llevarlos a la práctica? ¿Qué beneficios recibe la patria de mí? ¡Nada! Excepto mis buenos propósitos que nunca se realizan. Como tú ves, las revoluciones militares, el alcoholismo, el analfabetismo, los hijos sin padre y la incapacidad para la acción, son los mayores daños que atañen a nuestro país...

Carlos, apresuradamente, después de escuchar, le puso el pie a la colilla del cigarro y contestó:

—¡Aunque así sea! No piense ahora en esos símbolos, sino en la felicidad de su hogar. ¿No se siente usted feliz, don Joaquín?

—¡Cierto! ¡Cierto!... ¡Vivía tan solo! ¡Esas ideas son una pobre compañía, Carlos!...

Y se le humedecieron los ojos...

FIN